GEDENKSTÄTTE BAUTZEN

STIFTUNG SÄCHSISCHE GEDENKSTÄTTEN

Schriftenreihe der Stiftung Sächsische Gedenkstätten
zur Erinnerung an die Opfer politischer Gewaltherrschaft
Band 13

Susanne Hattig · Silke Klewin · Cornelia Liebold · Jörg Morré

STASI-GEFÄNGNIS BAUTZEN II 1956–1989

Katalog zur Ausstellung der Gedenkstätte Bautzen

Herausgegeben von der
Stiftung Sächsische Gedenkstätten

Sandstein Verlag · Dresden

Inhalt

Zum Geleit

Bautzen ist im Alltagsbewusstsein vieler Deutscher das Synonym für politische Verfolgung, Willkürjustiz und unmenschliche Haftbedingungen. Seine traurige Berühmtheit verdankt Bautzen den zwei Gefängnissen der Stadt. Das am Stadtrand gelegene Bautzen I, das »Gelbe Elend«, diente während der Zeit des Nationalsozialismus als Zuchthaus, nach Ende des Zweiten Weltkrieges als Speziallager Nr. 4 der sowjetischen Geheimpolizei (NKWD) und in der DDR als eine Strafvollzugseinrichtung. Die Haftanstalt Bautzen II war während der nationalsozialistischen Diktatur Untersuchungshaftanstalt, wurde in der Nachkriegszeit vom sowjetischen Geheimdienst NKWD als Operativgefängnis genutzt und stand von 1956 bis 1989 unter besonderem Zugriff des Ministeriums für Staatssicherheit der DDR. Erst mit der Friedlichen Revolution 1989/90 endete die Geschichte der politischen Haft in Bautzen. 1992 wurde die Haftanstalt Bautzen II geschlossen. Im Juli 1993 beschloss der Sächsische Landtag die Errichtung der Gedenkstätte Bautzen. Seit 1994 arbeitet die Gedenkstätte unter dem Dach der »Stiftung Sächsische Gedenkstätten zur Erinnerung an die Opfer politischer Gewaltherrschaft«. Am authentischen Ort des Unrechts wird die Erinnerung an die im »Dritten Reich«, unter sowjetischer Besatzung und in der SED-Diktatur in den Haftanstalten Bautzen I und II Inhaftierten und ihr Leid bewahrt, werden die Repressionsmechanismen dokumentiert und in den historischen Zusammenhang eingebettet.

Die Gedenkstätte Bautzen zählt in der deutschen Gedenkstättenlandschaft zu den Gedächtnisorten von gesamtstaatlicher Bedeutung. Die Bundesregierung benannte sie in ihrer ersten Gedenkstättenkonzeption von 1999 als eine der herausgehobenen bedeutenden Einrichtungen, die im öffentlichen Bewusstsein exemplarisch für einen bestimmten Verfolgungskomplex stehen. Bautzen ist ein Ort mit so genannter doppelter Vergangenheit, ein Ort, der an die Verfolgung politischer Gegner sowohl vor als auch nach 1945 erinnert. Die Gedenkstätte ist eine von fünf in der Trägerschaft der Stiftung Sächsische Gedenkstätten befindlichen zeithistorischen Gedenkstätten im Freistaat Sachsen, an denen jeweils am historischen Ort an nationalsozialistische Verbrechen und/oder an das Unrecht der kommunistischen Diktatur in der SBZ/DDR erinnert wird. Die Gedenkstätte Bautzen entwickelte sich mit ihren Ausstellungen und Publikationen sowie dem Veranstaltungs- und Bildungsangebot seit 1994 zu einem wesentlichen Bestandteil der deutschen Erinnerungs- und Gedenkkultur. Die jährlich wachsende Be-

sucherzahl, die enorm gestiegene Nachfrage nach geführten Rundgängen und Schülerprojekten beweisen, wie groß der Informationsbedarf und das Interesse an diesem besonderen historischen Thema ist. Nach der 2004 der Öffentlichkeit präsentierten Ausstellung zur Geschichte des sowjetischen Speziallagers Bautzen stellt die Ausstellung zur Geschichte des Stasi-Gefängnisses Bautzen II nun eine folgerichtige Ergänzung dar. Am historischen Ort des Unrechts erhalten Besucher nicht mehr nur einen Einblick in das ehemalige Stasi-Gefängnis Bautzen II, sondern auch vertiefende, anschauliche Informationen, die über das eigentliche Haftregime in Bautzen II hinausgehen. Aufgezeigt werden auch die Verfolgungsmechanismen der SED-Diktatur vor der Inhaftierung. Stasi-Überwachung, Untersuchungshaft und gesteuerte Justiz waren wesentliche Elemente des Repressionsapparates, an dessen Ende erst für den Betroffenen der Strafvollzug stand. Diesen Betroffenen ein Gesicht zu geben, ist ein wesentlicher Teil der Ausstellung. Verfolgtenbiografien veranschaulichen exemplarisch, wer aus politischen Gründen in Bautzen II inhaftiert war. Der Querschnitt durch die Haftgründe und Haftzeiten von 1956 bis 1989 zeigt auf eindrückliche Weise Dimensionen und Auswirkungen politischer Gewalt auf persönliche Schicksale; er zeigt die dunklen Seiten der SED-Diktatur.

Bautzen wird auch in Zukunft ein wichtiger Gedenkort im Gedächtnis der Deutschen sein. Die wissenschaftlich fundierte und sachliche Darstellung des historischen Geschehens am authentischen Ort ermöglicht den Besuchern eine selbstständige Rezeption der Vergangenheit, aber gleichzeitig auch Empathie mit den Betroffenen. Damit die Prinzipien der Rechtsstaatlichkeit und der unveräußerlichen Menschenrechte des einzelnen auch in der heutigen Zeit als kostbares zu bewahrendes Gut anerkannt werden, ist es wichtig, den Blick auch in die Vergangenheit zu lenken – in eine Zeit, als dies keine selbstverständlichen Leitlinien der Staatsgewalt waren. Diesem Anliegen ist die Ausstellung und der Katalog zur Geschichte des Stasi-Gefängnisses Bautzen II gewidmet.

Dr. Klaus Dieter-Müller | Dresden, Mai 2008
Geschäftsführer der Stiftung Sächsische Gedenkstätten

links: Haupttreppe im Stasi-Gefängnis Bautzen II

Zur aktuellen Neuauflage

Im September 2018 ist die Ausstellung »Stasi-Gefängnis Bautzen II. 1956 – 1989« innerhalb der Gedenkstätte in neue Räumlichkeiten umgezogen. Die drei zentralen Themen der Gedenkstätte werden jetzt in drei übereinander liegenden Ausstellungsräumen chronologisch dokumentiert. Im Erdgeschoss beleuchtet die Ausstellung »Haft unterm Hakenkreuz« die Geschichte der beiden Bautzener Gefängnisse zwischen 1933 und 1945. Die Dokumentation des sowjetischen Speziallagers Bautzen (1945 bis 1956) befindet sich in der ersten Etage. Im zweiten Obergeschoss des Hafthauses wird nunmehr die Geschichte des Stasi-Gefängnisses erläutert. Auf der gleichen Etage befinden sich neben der historischen Betriebsfunkanlage aus DDR-Zeiten zusätzlich noch drei weitere Ausstellungsbereiche, die die Nutzung des Gefängnisses als MfS-Sonderhaftanstalt dokumentieren: In einer Zelle werden freigelegte Wanzen gezeigt, mit denen Häftlinge bespitzelt wurden. In zwei weiteren Zellen ist die Akustik-Installation »Hörgang Bautzen II« eingerichtet, die den Besucherinnen und Besuchern das Thema Isolationshaft künstlerisch vermittelt.

Der Umzug war Anlass, die Ausstellung zu überarbeiten und neu zu strukturieren. Ein zusätzlich einleitendes Kapitel erlaubt eine Einbettung des konkreten Ortes in das Strafvollzugssystem der DDR. Die neue Auflage des Katalogs dokumentiert den aktuellen Stand der Präsentation mit sämtlichen inhaltlichen Veränderungen und Ergänzungen.

Silke Klewin | Bautzen, 2018

Bautzen, 1953

Luftbild Otto

Einleitung

Fast zwanzig Jahre nach der Friedlichen Revolution in der DDR ringt man in der Bundesrepublik intensiver denn je um die historische Deutung der vierzigjährigen DDR-Geschichte. Dabei ist weder deren Einordnung und Bewertung abgeschlossen noch zeichnet sich ein unstrittiges Bild in der historischen Sichtweise ab. Ehemalige SED-Funktionäre und Stasi-Generäle nutzen die Meinungsfreiheit und demokratischen Spielregeln des heutigen Rechtsstaates zu ihren Gunsten aus und verharmlosen öffentlich und viel zu oft unwidersprochen ihre Verantwortung und Verstrickung in ein menschenverachtendes und totalitäres Regime.

Umso wichtiger ist es, dass an den Orten der Unterdrückung an die Diktatur und deren Opfer erinnert wird, dass anhand konkreter Beweise der Unrechtscharakter des SED-Regimes nachgewiesen wird und die Verantwortlichen benannt werden.

Bautzen ist mit seinen beiden Gefängnissen zu dem Symbol für politische Verfolgung und Haft geworden. »Stasi-Gefängnis Bautzen II«, »Mielkes Privat-Knast«, »Sonderhaftanstalt« – viele Namen wurden Bautzen II gegeben.

Welche historischen Hintergründe bewirkten diese Namensgebung, die vor 1989 sowohl in Ost wie West sofort in Verbindung mit Bautzen genannt wurde? Das Gefängnis Bautzen II war offiziell, ebenso wie alle anderen Gefängnisse in der DDR, eine Einrichtung des Ministeriums des Innern der DDR. Im Haus trug keiner der Bediensteten eine Uniform der Staatssicherheit, sondern alle die blauen Uniformen des Strafvollzugs. Bautzen II gehörte auch nicht zu den Untersuchungshaftanstalten des Ministeriums für Staatssicherheit (MfS), über die nach 1989 die Häftlinge von körperlichen Misshandlungen und psychischer Folter berichten. Obwohl also Bautzen II den offiziellen Mantel des DDR-Strafvollzugs trug, verkörpert kaum ein Ort die Durchdringung der DDR-Gesellschaft durch die Staatssicherheit so sehr wie das Gefängnis Bautzen II. Unter dem Deckmantel eines vermeintlich rechtsstaatlichen Strafvollzugs steuerte die Stasi unter Missachtung jeglicher Rechtsnormen an diesem Ort das Einsperren, Aushorchen und Manipulieren ihrer politischen Gegner.

Die Geschichte des Stasi-Gefängnisses beginnt mit den Sondergefangenen, die im August 1956 nach Bautzen II gebracht wurden. Von nun an bestimmte direkt diejenige Abteilung des MfS, die auch die Vernehmungen während der Untersuchungshaft leitete, wer in Bautzen II inhaftiert wurde. Damit war von der Verhaftung über die Ermittlungen in einer Untersuchungshaftanstalt des MfS, der Verurteilung gemäß der Vorgaben durch die Stasi bis hin zum anschließenden Vollzug der Haftstrafe alles in einer Hand. Die Staatssicherheit entschied auch über das Wann und Wohin der Entlassung und bespitzelte viele Gefangene außerhalb des Gefängnisses weiter. Bautzen II war ein wesentlicher Bestandteil im Repressionssystem der DDR.

Ziele der Ausstellung

Ziel der im September 2006 eröffneten Ausstellung »Stasi-Gefängnis Bautzen II. 1956 bis 1989« ist das Offenlegen der verhängnisvollen Repressionsstrukturen, die das System von Verfolgung und Ausgrenzung in der DDR charakterisieren. Es bedurfte intensiver Forschungen, um einschlägige Dokumente zu finden, anhand derer sich der Sonderstatus der Haftanstalt nachweisen lässt. Ein große Hilfe war dabei die mittlerweile vorangeschrittene Forschung zur Geschichte der DDR im allgemeinen wie der Staatssicherheit im besonderen. Anhand von Unterlagen des Staatssicherheitsdienstes der DDR, die heute von der Bundesbeauftragten für die Stasi-Unterlagen dank des entsprechenden Gesetzes für die historische Forschung zur Verfügung gestellt werden, kann die Ausstellung belegen, welche Personen in Bautzen II in welchem Maße wofür Verantwortung trugen. Die ausgestellten Biografien der Stasi- und Strafvollzugsoffiziere mit Klarnamen, Foto und Lebenslauf zeigen charakteristische Kaderkarrieren im politischen System der DDR.

Eine weitere Aufgabe der Ausstellung besteht darin, darüber zu berichten, wer in Bautzen II inhaftiert war. Alle Gefangenen waren nach Bautzen gekommen, weil sie im besonderen Interesse der Staatssicherheit standen. Dazu gehörten prominente DDR-Regimekritiker und viele wegen versuchter Republikflucht Ver-

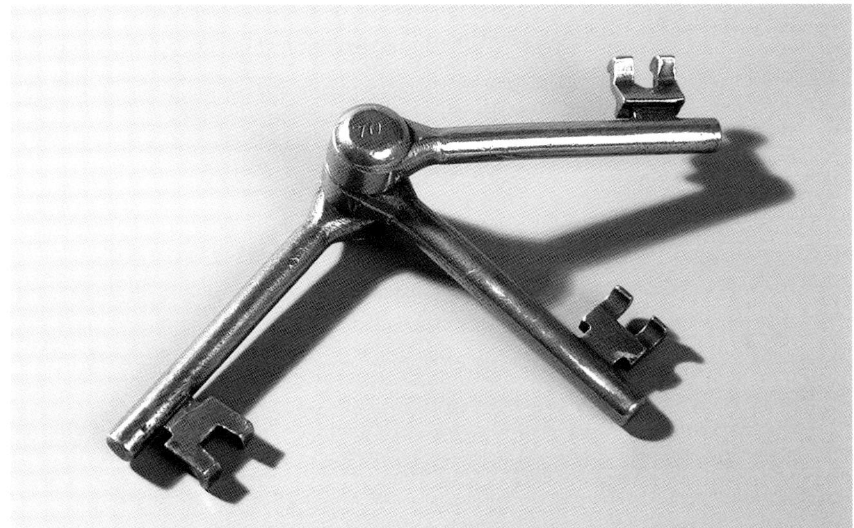

Kombinierter Zellen- und Hausschlüssel für das Wachpersonal

Historischer Ort Isolationstrakt mit Häftlingsbiografie

urteilte. Eine besondere Gruppe bildeten Abtrünnige aus dem Staats-, Partei- oder Militärapparat der DDR, die als »Verräter« oder »Nestbeschmutzer« angesehen wurden und als Geheimnisträger nicht in den normalen DDR-Strafvollzug kommen sollten.

Nahezu von Anfang an sammelten sich in Bautzen II Häftlinge aus dem Westteil Deutschlands, der als Ausland galt, sowie aus dem übrigen »nichtsozialistischen Ausland«. Sie galten als Feinde der DDR, weil sie die Ziele einer anderen Gesellschaftsordnung verfolgten. Nicht selten waren das Spionage und zu Zeiten des Kalten Krieges mitunter auch Sabotage. Aufgrund des Schiessbefehls an der innerdeutschen Grenze und des Mauerbaus war das aber auch Hilfe zur Flucht aus der DDR. In der Ära der deutsch-deutschen Annäherung seit den 1970er Jahren gerieten viele Westdeutsche in die Fänge der Staatssicherheit, weil sie auf den Transitstrecken durch die DDR oder im privaten Besuchsverkehr mit den Beschränkungen des Überwachungsstaates DDR in Konflikt kamen.

Wesentlicher Bestandteil der Ausstellung ist die Erschließung des historischen Ortes. Mit dem Verfall der SED-Diktatur im Herbst 1989 geriet auch das Schicksal der Häftlinge in Bautzen II in den Blick der Öffentlichkeit. Zum Jahresende 1989 waren alle politischen Gefangenen in Freiheit. Bis zur endgültigen Schließung des Hauses vergingen jedoch noch gut zwei Jahre. Seit dieser Zeit gab es Bestrebungen, den Ort für die Allgemeinheit zugänglich zu machen. Erst mit Einrichtung der Gedenkstätte 1994 und regelmäßigen Öffnungszeiten seit 1996 wurde diese Vorstellung Realität. Die Ausstellung im ehemaligen Hafthaus des Stasi-Gefängnisses will den Besucher heute durch Gänge und Treppen, in Zellen und Arbeitsräume führen, sie will den Ort erklären und seine Funktion und Bedeutung im Gefüge der staatlichen Repression in der DDR benennen.

Konzept der Ausstellung

Die Ausstellung »Stasi-Gefängnis Bautzen II. 1956 bis 1989« ist in drei Teile gegliedert. Im Mittelpunkt steht das historische Gebäude als zentrales Objekt. Es werden der historische Ort erschlossen, die damit verbundenen Haftschicksale dargestellt und das Gefängnis in seiner Funktion als Sonderhaftanstalt der Staatssicherheit erklärt.

1. Der historische Ort: An 20 Stellen im Haus und auf den Höfen werden die historischen Orte markiert, die für das Funktionieren des Gefängnisses von Bedeutung waren. Glasstelen mit kurzen Erläuterungen leiten den Besucher vom Garagenhof vor dem Hafthaus zu den Zellen, den Arbeits- und Freizeitbereichen für die Gefangenen, zu den Diensträumen der Staatssicherheit und der Gefängnisleitung bis in die Gefängnishöfe. Zum Teil können die Zellen und Räume betreten werden. Innen werden über Hörstationen sowie Texttafeln und ausgewählte Objekte die mit dem Ort verbundenen Themenfelder illustriert bzw. vertieft.

2. Die Betroffenen: An verschiedenen Orten im Haus werden insgesamt 20 Biographien von ehemaligen Gefangenen in Bautzen II dargestellt. Die Auswahl ist repräsentativ in dem Sinne, als sie das Spektrum politischer Verfolgung durch Verurteilung und Haft aufzeigt. Hinzu kommen Filmaufnahmen von Interviews mit 5 ehemaligen Gefangenen, die in einem Vorführraum zu sehen sind.

3. Der zentrale Ausstellungsraum: In einem gesonderten Ausstellungsraum wird in acht Kapiteln die Funktion hergeleitet, die Bautzen II für die Staatssicherheit von 1956 bis 1989 erfüllte. Der Raum ist in seiner Gestaltung bewusst neutral gehalten und kann losgelöst vom historischen Ort als zeitgeschichtliche Ausstellung wahrgenommen werden. Anhand von Exponaten, Dokumenten, Filmausschnitten und Analysen wird die zentrale These »Stasi-Gefängnis Bautzen II« untermauert.

rechts: Blick in die Ausstellung

1956–1989

STASI-GEFÄNGNIS BAUTZEN II

Hauptzellentrakt

Der Aufbau des Katalogs folgt in der Gliederung den drei verschiedenen Ausstellungskategorien – Zentraler Ausstellungsraum, Historische Orte und Häftlingsschicksale. Zum leichteren thematischen Einstieg in das Thema wird im Katalog der Inhalt des Zentralen Ausstellungsraumes an den Anfang gestellt. Bei der Darstellung seiner Inhalte steht zu Beginn eines jeden der acht Kapitel ein Leittext, der das Thema umreißt. Weitere Texte und dazugehörige Dokumente, Objektdarstellungen und zeitgenössische Fotografien vertiefen und illustrieren den Themenbereich. Jedem der acht Kapitel werden Quellentexte wie Auszüge aus Gesetzen, Anweisungen und Hausordnungen sowie Zeitungsartikel zugeordnet, die sich in der Ausstellung zumeist in einer vertiefenden Schubladenebene befinden. Ergänzt werden die Texte durch Diagramme und Schaubilder.

Die dezentralen historische Orte werden im ehemaligen Hafthaus jeweils durch eine Ortsstele markiert, deren Text im Katalog jeden historischen Ort einleitet. Wie in den Räumen der Ausstellung wird auch im Katalog vertiefend auf einen Themenkomplex eingegangen, der in unmittelbaren Zusammenhang mit dem präsentierten Raum steht (z.B. im Sanitätszimmer »Medizinische Versorgung«).

Im dritten Teil des Katalogs werden die 20 Häftlingsschicksale der Ausstellung gezeigt. Mit Großporträts und einem biografischen Abriss sind die ehemals in Bautzen II Inhaftierten dargestellt. Die Wiedergabe erfolgt im Katalog in alphabetischer Reihenfolge. Sowohl im zentralen wie auch in einzelnen dezentralen Ausstellungsräumen können Besucher an Hör- und Videostationen zeitgenössische Rundfunk- und Fernsehbeiträge sowie Zeitzeugenerinnerungen hören bzw. sehen. Die Mehrzahl dieser Medienbeiträge sind auf der DVD vereinigt, die dem Katalog beigefügt ist. Innerhalb der einzelnen Themen-/Katalogabschnitte verweisen gesondert markierte auszugsweise Abschriften von Tonbeiträgen oder Standbilder (siehe Symbol) auf Hör- und Videobeiträge, die ausführlich auf der DVD zu hören bzw. zu sehen sind. Eine detaillierte Übersicht der Beiträge auf der DVD steht im Anhang. Dieser enthält zudem ein weiterführendes Literaturverzeichnis, welches vor allem auf die historische Forschungsliteratur zur Geschichte des Stasi-Gefängnisses Bautzen II und auf autobiografische Erinnerungen ehemaliger Bautzener Häftlinge verweist.

Besonders soll an dieser Stelle den ehemaligen Häftlingen und den Angehörigen gedankt werden, die die Gedenkstätte Bautzen durch ihre Bereitschaft zu ausführlichen Gesprächen, durch die geduldige Beantwortung immer neuer Fragen und durch die Bereitstellung von Fotos, Dokumenten und Erinnerungsstücken unterstützt haben. Die Ausstellung und der Katalog hätten auch ohne die Unterstützung zahlreicher Firmen und Institutionen nicht verwirklicht werden können. An dieser Stelle ausdrücklich genannt seien das Gestalterteam gewerk und die Medienfirma atarvi aus Berlin, der Fotografiker Jürgen Matschie, die Handwerksfirmen Graumüller Werbung, Tischlerei Gräubig, CP Werbung Wobst und Metallbau Kröher aus Bautzen und Umgebung. Für die Zurverfügungstellung der Medienbeiträge in der Ausstellung und für den Katalog danken wir den Leihgebern Progress-Filmverleih, Deutsches Rundfunkarchiv, Bundesbeauftragte für die Unterlagen der Staatssicherheit der ehemaligen DDR, ZDF und direct-tv. Für die stimmige Umsetzung der Ausstellungsinhalte in ein ansprechendes Katalogformat ist dem Sandstein Verlag, insbesondere Frau Michaela Klaus, zu danken. Die Gesamtredaktion lag in den Händen von Cornelia Liebold.

Wir wollen mit unserer Arbeit dem Wunsch vieler ehemaliger Häftlinge und ihrer Angehörigen nachkommen: Erlebtes Leid und Unrecht zu dokumentieren und die Erinnerung daran auch bei den nachwachsenden Generationen wach zu halten. Nicht zuletzt sollen Ausstellung und Katalog Anteil daran haben, dass die DDR als das erinnert wird, was sie war – ein Unrechtsregime.

Susanne Hattig | Silke Klewin | Cornelia Liebold | Jörg Morré

1972 gründet sich in der Bun
Menschenrechte" (IGfM). Ihr
Bautzen II an. Mit öffentlichk
trationen machen sie in der B
Gefangenen in der DDR aufm
„Hilferufe von drüben", die a
ausgestrahlt wird, bewusst di
der gleichnamige Verein herv
auch nach ihrer Entlassung be
auflagenstarke Zeitungen her
Appelle politisch verfolgter D
hensweise ist in der Bundesre
befürchten, dass dadurch die
die damit verbundene Hoffnu
DDR gefährdet werden.
Unabhängig von der untersch
alle Menschenrechtsgruppen
wechselndem Erfolg versucht
einzuschleusen und unliebsa
g der Rechte der Inhaftierten
Internationale Gesellschaft für
e ehemalige Häftlinge aus
ugblattaktionen und Demons-
f das Schicksal der politischen
sucht die Fernsehsendung
5 als Teil des „ZDF-Magazins"
rm Januar 1978 geht daraus
chen Gefangenen der DDR
„Hilferufe von drüben" geben
rtlaufend Haftschicksale und
fentlicht werden. Diese Vorge-
ger Jahre umstritten. Kritiker
litik der Bundesregierung und
liche Erleichterungen" in der
weise werden seitens der DDR
isationen" betrachtet. Mit
heit, Inoffizielle Mitarbeiter
verhindern.
„Wir wurden wie der letzte Dreck behandelt"
HEIT FÜR H

Zentraler Ausstellungsraum

1949 wird die Deutsche Demokratische Republik (DDR) gegründet. Sie ist eine kommunistische Diktatur nach dem Vorbild der Sowjetunion, der Marxismus-Leninismus ist Staatsdoktrin. Die Sozialistische Einheitspartei Deutschlands (SED) nimmt Einfluss auf nahezu alle Lebensbereiche. Menschen, die aufbegehren, werden als »Feinde des Sozialismus« bekämpft, »zersetzt«, verhaftet. Das Ministerium für Staatssicherheit (MfS) als »Schild und Schwert« ist das wichtigste Herrschaftsinstrument der SED.

Fast drei Millionen DDR-Bürger fliehen bis 1961 in den Westen. Um die Fluchtbewegung zu stoppen, riegelt das Regime im August 1961 die innerdeutsche Grenze ab. Die Berliner Mauer wird zum Symbol der Deutschen Teilung.

Reformen in der Sowjetunion entfesseln in der DDR die Unzufriedenheit. Zehntausende demonstrieren im Herbst 1989 gegen die SED-Herrschaft, nach 28 Jahren wird die deutsch-deutsche Grenze geöffnet. Rund ein Jahr später ist die kommunistische Diktatur in Deutschland Geschichte: Am 3. Oktober 1990 tritt die DDR der Bundesrepublik Deutschland bei.

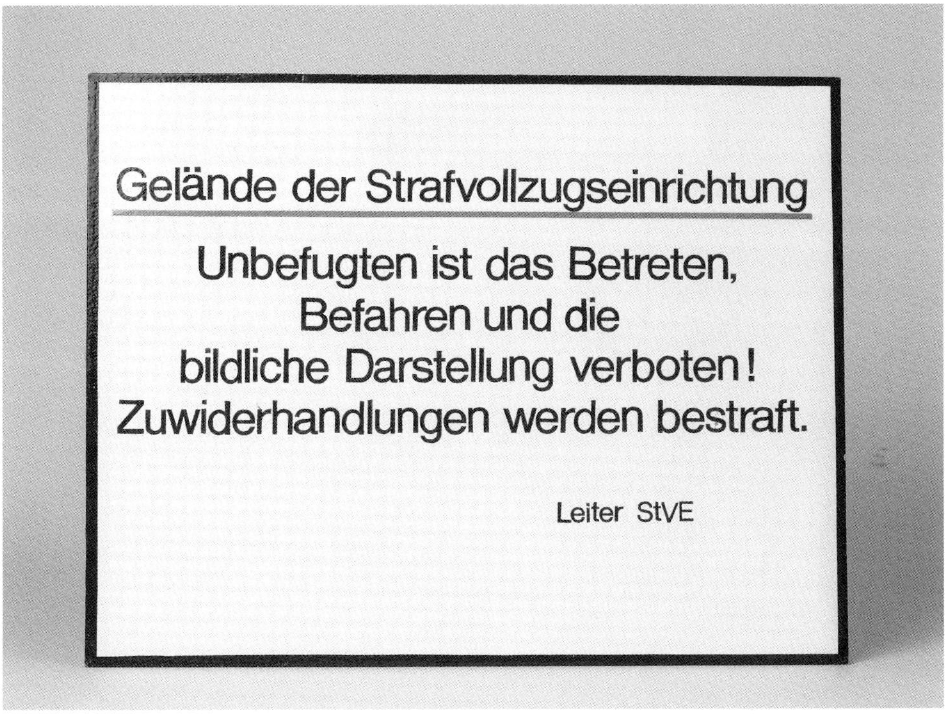

Außenschild der Haftanstalt Bautzen II, 1980er Jahre

Gedenkstätte Bautzen

Gefängnisse in der DDR

1989 gibt es in der DDR 82 Gefängnisse: 45 Strafvollzugsanstalten, 35 Untersuchungshaftanstalten, dazu das zentrale Haftkrankenhaus Leipzig-Klein Meusdorf und das Militärgefängnis Schwedt. Auf 100 000 Einwohner kommen im März 1989 in der DDR 149 Gefangene, in der Bundesrepublik nur 66. Aus politischen Gründen inhaftiert das SED-Regime in den 40 Jahren seines Bestehens insgesamt mehr als 200 000 Menschen.

Nach sowjetischem Vorbild sind in der DDR Strafvollzugsanstalten dem Ministerium des Innern (MdI) unterstellt. Bautzen II, die Sonderhaftanstalt für Staatsfeinde, untersteht der Kontrolle des Ministeriums für Staatssicherheit (MfS).

Parallel zum »normalen« Haftsystem betreibt das MfS in eigener Verantwortung 17 Untersuchungshaftanstalten: Zwei zentrale Stasi-Untersuchungsgefängnisse in der Hauptstadt Ost-Berlin (Hohenschönhausen und Lichtenberg) und jeweils eine in den insgesamt 15 DDR-Bezirken. Für deren Betrieb existiert bis 1989 keine gesetzliche Grundlage.

Gefängnisse in der DDR 1989

- ⌗ Sonderhaftanstalt Bautzen II
- ○ Untersuchungshaftanstalt des MfS
- ● Untersuchungshaftanstalt des MdI
- ▲ Strafvollzugseinrichtung (StVE) des MdI
- ▲ Militärgefängnis Schwedt
- △ Zentrales Krankenhaus des Strafvollzugs Leipzig-Meusdorf

Einweisung

Die Inhaftierung in Bautzen II erfolgt auf direkte Anweisung des Ministeriums für Staatssicherheit. Zuvor forscht die Geheimpolizei politisch Verdächtige aus. Sie beobachtet Angehörige und Freunde, kontrolliert Briefe und Telefonate, durchsucht Wohnungen und beschlagnahmt Beweismittel. Die Staatssicherheit verhaftet selbst und führt Ermittlungsverfahren durch. In eigenen Untersuchungshaftanstalten versucht sie mit menschenunwürdigen Methoden, von den politischen Gefangenen Geständnisse zu erpressen. Rechtsanwälte haben keinen Einfluss. Die Stasi bereitet die Anklageschrift für den Staatsanwalt vor. Manchmal liefert sie sogar exakte Drehbücher für den Ablauf der Prozesse. Nur in seltenen Ausnahmefällen weicht die Justiz von den Vorgaben der Stasi ab. Die Urteile in politischen Strafprozessen werden ganz im Sinne der SED-Diktatur gefällt. Mit Bautzen II schafft sich die Staatssicherheit eine Strafvollzugsanstalt, in der sie bestimmte Gefangene weiterhin unter ihrer Kontrolle hat.

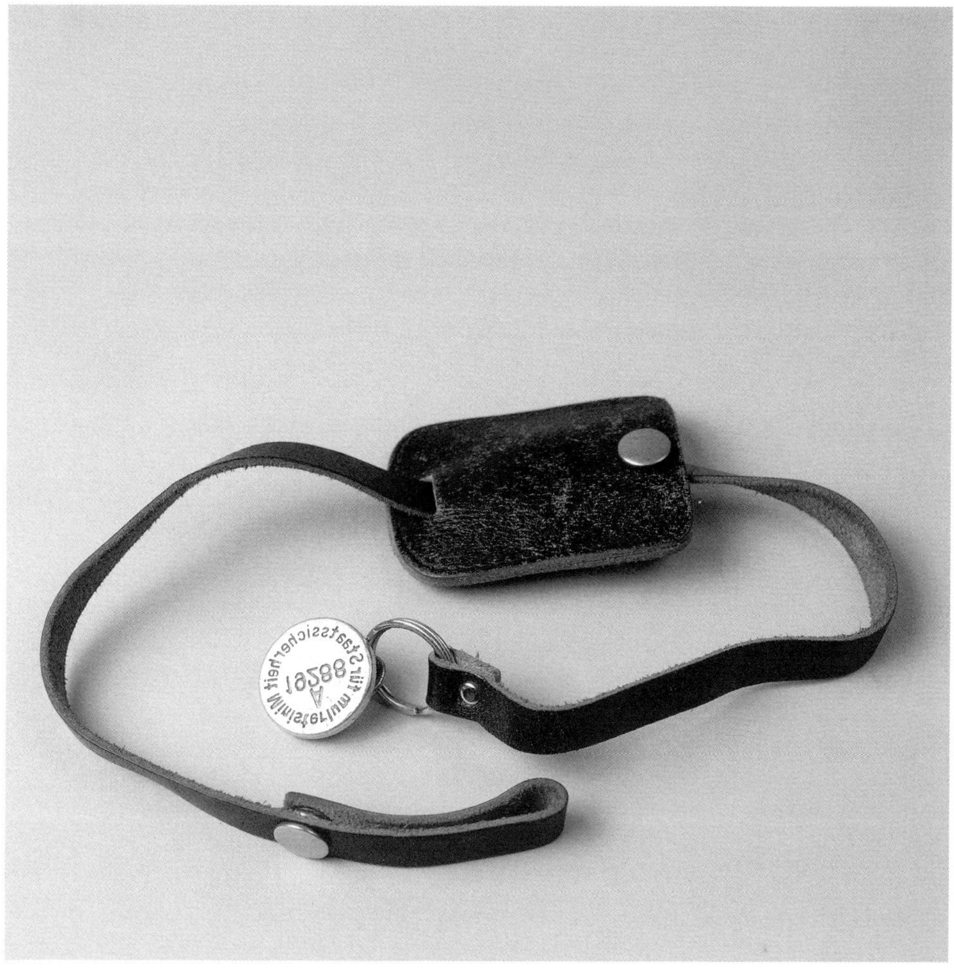

Siegel der Staatssicherheit, 1980er Jahre
Büroräume, Schränke und Kuriertaschen werden aus Sicherheitsgründen nach jeder Nutzung versiegelt. Jeder Stasi-Mitarbeiter hat ein eigenes Siegel mit individuell zugeordneter Nummer. Der Buchstabe A steht für die direkte Anbindung des Siegelinhabers an die Zentrale des MfS in Berlin.

Schenkung ASTAK

Ministerium für Staatssicherheit

Das Ministerium für Staatssicherheit (MfS) ist politische Geheimpolizei, Nachrichtendienst und Untersuchungsorgan in politischen Strafsachen. Es wird von der Sozialistischen Einheitspartei Deutschlands (SED) angeleitet und kontrolliert. Das MfS ist das wichtigste Instrument der SED-Diktatur, um ihre Herrschaft in der DDR abzusichern. Es versteht sich selbst als »Schild und Schwert der Partei«.

Im Februar 1950 wird das MfS gegründet. Es will alle Lebensbereiche der Menschen in der DDR kontrollieren. Die Stasi wächst über Jahrzehnte zu einem gewaltigen Bespitzelungs- und Unterdrückungsapparat heran. Die Zentrale bildet das Ministerium in Berlin. Vor Ort ist das MfS mit 15 Bezirksverwaltungen und 209 Kreisdienststellen präsent. Die Arbeitsbereiche der Staatssicherheit sind in sogenannten Linien organisiert. So besteht z. B. die Linie IX (Ermittlung und Untersuchung) aus der Hauptabteilung in Berlin und entsprechenden Abteilungen auf Bezirks- und Kreisebene, die alle die Nummer IX tragen. Ende 1989 stehen 91 000 hauptamtliche Mitarbeiter im Dienst der Staatssicherheit. Ein hauptamtlicher MfS-Mitarbeiter kommt auf 180 DDR-Bürger. Im Verhältnis zur Einwohnerzahl der DDR ist das MfS der größte Geheimdienst der Welt. In der UdSSR steht zum Vergleich ein Mitarbeiter des sowjetischen Geheimdienstes KGB rund 600 Bürgern gegenüber. Zusätzlich verfügt das MfS noch über Zuträger aus der Bevölkerung. 1989 bespitzeln insgesamt 174 000 Inoffizielle Mitarbeiter ihre Freunde und Kollegen.

Seit 1950 bestimmt Erich Mielke die Entwicklung des MfS entscheidend mit; anfangs als Staatssekretär, seit 1955 als Stellvertretender Minister. Im November 1957 wird Mielke schließlich als Minister für Staatssicherheit der führende Mann. Im November 1989 tritt er zurück. Die Staatssicherheit wird in Amt für Nationale Sicherheit umbenannt und im Januar 1990 schließlich aufgelöst.

Wandbehang mit Stasi-Emblem, 1970
Der Wandbehang ist ein Beispiel für die Selbstdarstellung des Ministeriums für Staatssicherheit als »Schild und Schwert der Partei«. Das Bajonett symbolisiert das Schwert, die Form des Emblems das Schild. Die römische Zahl XX steht für das zwanzigjährige Bestehen des MfS.

Leihgabe Bürgerkomitee Leipzig

Untersuchungshaft der Stasi

Die Staatssicherheit verfügt seit Mitte der fünfziger Jahre über 17 eigene Untersuchungshaftanstalten. Sie existieren parallel zu den 31 regulären U-Haftanstalten des Ministeriums des Innern. Die Stasi behält sich die Ermittlungen in politischen Fällen vor. Politisch Verdächtige vernimmt ausschließlich die Untersuchungsabteilung der Stasi. In den fünfziger Jahren werden die Häftlinge oft mit brutaler Gewalt zu einem Geständnis gezwungen. Später wenden die Vernehmer psychische Foltermethoden an. Anwaltlicher Beistand wird ihnen verwehrt. Die Gefangenen sind der Staatssicherheit macht- und rechtlos ausgesetzt. Die U-Haft beim MfS ist gekennzeichnet durch totale Überwachung, Isolierung, Bespitzelung und oft auch Demütigung. Offene Schikane soll jeglichen Widerstand der Häftlinge brechen. Die Gefangenen sind teilweise in unbeheizten, fensterlosen Kellerräumen untergebracht. Der Tagesablauf ist militärisch streng reglementiert. Sogar nachts ist den Häftlingen eine besondere Liegeordnung vorgeschrieben, bei der Gesicht und Hände ständig sichtbar sein müssen. Diese Ohnmachtserfahrungen lassen die Untersuchungshaft für die politischen Gefangenen zu einer der schlimmsten Phase ihrer gesamten Inhaftierung werden. Die meisten Häftlinge in Bautzen II erleiden vor ihrer Verurteilung die langen Monate ihrer U-Haft in der MfS-Untersuchungshaftanstalt Berlin-Hohenschönhausen.

Zelle der MfS-Untersuchungshaftanstalt Berlin-Hohenschönhausen, 1980er Jahre
Die Zellenfenster bestehen aus Glasbausteinen. Die Aussicht ist den Gefangenen verwehrt.

Foto Matthias Melzer

2.2. **Öffnen des Verwahrraumes**

Beim Aufschluß bzw. Betreten des Verwahrraumes durch Angehörige der Untersuchungshaftanstalt haben sich die Inhaftierten von ihren Plätzen zu erheben, ihren Standort in der Nähe des Verwahrraumfensters einzunehmen, ihr Gesicht der Tür zuzuwenden und die Hände locker an die Seite der Oberschenkel zu legen.

Während der Esseneinnahme hat nur der Inhaftierte aufzustehen, der durch den Angehörigen der Untersuchungshaftanstalt angesprochen wird.

2.3. **Rauchen**

Das Rauchen ist nur in den Verwahrräumen gestattet.

Auf oder in den Betten sowie während der angeordneten Nachtruhe ist das Rauchen nicht erlaubt.

2.4. **Brandgefahr**

Auftretende Brände sind sofort zu melden. Bei Bränden haben sich die Inhaftierten ruhig zu verhalten und den gegebenen Anweisungen der Angehörigen der Untersuchungshaftanstalt zur Evakuierung sofort nachzukommen.

2.5. **Verhalten untereinander**

Inhaftierte haben während ihres Zusammenlebens in der Untersuchungshaftanstalt sich gegenseitig bei der Erfüllung ihrer Pflichten zu unterstützen und im persönlichen Umgang untereinander so zu benehmen, wie es die Ordnung und die Menschenwürde verlangen.

Sie haben aufeinander Rücksicht zu nehmen und jede Störung, besonders in den angeordneten Ruhezeiten, zu unterlassen.

3. **Ordnung in den Verwahrräumen**

3.1. Die Verwahr- und andere zugewiesene Räume sowie Einrichtungsgegenstände sind pfleglich zu behandeln, in ordentlichem Zustand zu halten und zu den festgelegten Zeiten zu reinigen.

3.2. Die Betten sind nur während der Ruhezeiten und in der festgelegten Bekleidung zu benutzen. Während der Ruhezeiten ist das Gesicht nicht mit der Schlafdecke zu bedecken. Nach der Ruhezeit sind die Betten einheitlich in der festgelegten Form zu ordnen.

Hausordnung der MfS-Untersuchungshaftanstalt Berlin-Hohenschönhausen, 1980er Jahre
Das Verhalten der Gefangenen ist tags und nachts streng reglementiert.

Leihgabe Gedenkstätte Berlin-Hohenschönhausen

Politische Justiz

In der DDR gibt es keine unabhängige Justiz. Sie wird instrumentalisiert, um die Herrschaft der SED zunächst durchzusetzen, später zu sichern. Gerichtsverfahren in politischen Strafsachen sind nur der Form nach an rechtsstaatlichen Verfahren orientiert. Auf jeder Ebene der Gerichtsbarkeit sind sogenannte 1a-Senate für politische Delikte zuständig. Daneben existieren Militärgerichte, die häufig für Spionagefälle zuständig sind. Die Richter und Staatsanwälte in politischen Verfahren sind vom MfS ausgewählt. Nicht selten sind sogar die Rechtsanwälte Inoffizielle Mitarbeiter der Stasi. Das MfS legt die Urteile fest. Nach Abschluss seiner Ermittlungen verfasst es einen Schlussbericht, in dem auch das Strafmaß vorgegeben wird. Lange Passagen dieser Berichte finden sich später wörtlich in den Anklageschriften der Staatsanwaltschaft und häufig sogar im Urteil der Gerichte wieder. Im Sprachgebrauch der DDR-Juristen heißen diese Verfahren »UnA-Verfahren« (Urteil nach Antrag). Der Rechtsstaat ist nur Fassade. Es gibt keine Ebene justizieller Verfahren und Abläufe, die vor dem Eingreifen der Parteiführung sicher ist. Das Recht ist den Interessen der SED-Diktatur untergeordnet.

Schauprozesse

Die SED-Führung wählt bestimmte Gerichtsverfahren aus und inszeniert sie als Schauprozesse. Verhandlungen laufen nach festgelegten Drehbüchern ab. Das Publikum ist handverlesen. Die Urteile stehen schon vor Beginn des Verfahrens fest. Ausführliche Berichte und Kommentare in Presse, Funk und Fernsehen begleiten die Prozesse. Sie sollen der Abschreckung regimekritischer Gruppen dienen, die Bevölkerung auf die Politik der SED einschwören und dem Ausland die Macht des Regimes demonstrieren. Die Opfer werden oftmals schon bei ihrer Festnahme nach medienwirksamen Kriterien ausgewählt. Vor Gericht werden die Angeklagten beschimpft, diffamiert und vorverurteilt. Bis 1956 gibt es eine ganze Serie von Schauprozessen. Tatsächliche und vermeintliche Mitarbeiter westlicher Geheimdienste werden demonstrativ als gemeingefährliche Verbrecher abqualifiziert und zu drakonischen Strafen verurteilt. Prominente, regimekritische Schriftsteller, Redakteure und Kulturfunktionäre der DDR sind ebenfalls Opfer von Schauprozessen der Jahre 1957/58. Die Prozesse sollen massenwirksam zeigen, wie sich die SED gegen vermeintliche »innere Feinde« zur Wehr setzt. Nach dem Mauerbau 1961 dient eine letzte Serie groß angelegter Schauprozesse vor dem Obersten Gericht der DDR dazu, die Bevölkerung West-Berlins und der Bundesrepublik davor abzuschrecken, weiterhin fluchtwilligen DDR-Bürgern zu helfen. Danach ist die DDR-Justiz zurückhaltender. Schauprozesse werden bei politischem Bedarf nur noch in Einzelfällen veranstaltet, meist gegen Fluchthelfer.

Seit Donnerstag vor dem Obersten Gericht der DDR:

Terroristen und Grenzprovokateure angeklagt

Mitschuldige des Mordes an Reinhold Huhn / Verbindungen zu Brandt-Senat und Duensing-Polizei nachgewiesen

Von unserem Prozeßberichterstatter Klaus Haupt

Berlin. Auf der Anklagebank des Obersten Gerichts der DDR sitzen seit Donnerstag vormittag fünf Terroristen. Sie sind angeklagt,

- **weil sie verbrecherische, bewaffnete Provokationen gegen unsere Staatsgrenze in Berlin vorbereiten bzw. durchführen halfen;**
- **weil sie kaltblütig den Mord von Angehörigen unserer Grenzsicherungskräfte einkalkulierten und unterstützten;**
- **weil sie mit ihren Verbrechen, die sie im Auftrage der Westberliner Ultras durchführten, u. a. das Völkerrecht aufs gröblichste verletzten und den Frieden gefährdeten.**

Hier sind die Namen der fünf Verbrecher, gegen die der Präsident des Obersten Gerichts, Dr. Heinrich Toeplitz, als Vorsitzender des 1. Strafsenats gestern die Hauptverhandlung eröffnete:

Gottfried Steglich, wohnhaft in Westberlin;

Carsten Mohr, wohnhaft in Westberlin;

Klaus-Peter Skrzypczak, wohnhaft in Westberlin;

Wolfgang Richter, wohnhaft Berlin N 58, Dunckerstr. 84;

Walter Bleschinski, wohnhaft Berlin N 58, Pappelallee 44.

Die Anklage in dem mehrtägigen Prozeß — an dem zahlreiche Vertreter der in- und ausländischen Presse sowie etwa 200 Zuschauer aus Betrieben, Institutionen und von unseren Grenzsicherungskräften teilnehmen — vertritt der Generalstaatsanwalt der DDR, Josef Streit. Aus seiner Angeklagerede, aus der bisherigen Vernehmung zur Person und zur Sache ergibt sich folgendes Bild der Angeklagten und ihrer Verbrechen:

Der Angeklagte Steglich wurde im Jahre 1953 republikflüchtig und studierte dann später an der Technischen Universität in Westberlin. Seit dem 19. Mai 1962 befindet er sich in Untersuchungshaft. Er wurde verhaftet, als er

(Fortsetzung auf Seite 2)

Die Angeklagten: Bleschinski, Richter, Skrzypczak, Mohr und Steglich (von links nach rechts). Vorn die Verteidiger
Foto: ND/Schönfeld

Sprengstoffanschlag gegen Staatsgrenze

Berlin (ADN). Die Pressestelle des Ministeriums des Innern teilt mit: Am 26. Juni 1962 wurde um 22.31 Uhr im Bereich der Zimmerstraße ein erneuter Sprengstoffanschlag von den durch Adenauer und Brandt ermunterten Westberliner Terrorgruppen auf die Grenzsicherungsanlagen der DDR verübt. Der verbrecherische, gegen die Deutsche Demokratische Republik gerichtete Anschlag war zugleich eine unmittelbare Bedrohung der Westberliner Bevölkerung.

Durch die Detonation wurden mehr als 20 Fensterscheiben in Westberliner Gebäuden zerstört. Die Frontstadtpolizei schweigt sich darüber aus, inwieweit Westberliner Bürger verletzt oder gar getötet wurden.

Zeitungsbericht über einen Schauprozess, 29. Juni 1962
Den Schauprozess gegen Carsten Mohr, Gottfried Steglich und andere begleiten umfangreiche Berichte in der DDR-Presse. Das »Neue Deutschland«, die Tageszeitung der SED, verunglimpft die angeklagten Fluchthelfer als verbrecherische, kaltblütige Terroristen.

Neues Deutschland

Strafantrag von DDR-Generalstaatsanwalt Ernst Melsheimer in einem Spionageprozess

Die Todesurteile gegen Wilhelm Lehmann und Hans-Joachim Koch werden vollstreckt. Wilhelm van Ackern und Benedykt Szuminski verbüßen lange Haftstrafen unter anderem in Bautzen II.
Mitschnitt aus dem Gerichtssaal, 12. Juni 1955, Auszug
Deutsches Rundfunkarchiv

»Für Szuminski, diesen Polen, der sein Vaterland verriet, auch die Deutsche Demokratische Republik, auch die Deutsch-Polnische-Freundschaft, die uns hoch und heilig ist, auch das Friedenslager und den Frieden der Welt, der schwerste Spionage betrieb, der gefährlich war nicht nur mit der Pistole, mit der er jeden skrupellos umgelegt hätte, der ihm ins Getriebe gekommen wäre, für diesen schweren Spion fünfzehn Jahre Zuchthaus.«

Anklage gegen SED-Reformsozialisten durch den Generalstaatsanwalt der DDR Ernst Melsheimer

Walter Janka, Gustav Just, Richard Wolf und Heinz Zöger kommen nach dem Schauprozess nach Bautzen II
Ton-Mitschnitt aus dem Gerichtssaal, 23. Juli 1957, Auszug
BStU

»Der Generalstaatsanwalt der Deutschen Demokratischen Republik klagt an, erstens Janka, Walter, zweitens Just, Gustav, drittens Zöger, Heinz, viertens Wolf, Richard. Die Angeklagten sind aktive Mitglieder der staatsfeindlichen Gruppe Harich, die auf der Grundlage einer konterrevolutionären Konzeption das Ziel verfolgte, durch Beseitigung wesentlicher sozialistischer Errungenschaften auf politischem, wirtschaftlichem und kulturellem Gebiet die volksdemokratischen Grundlagen der Arbeiter- und Bauernmacht zu untergraben und die Staatsmacht der Deutschen Demokratischen Republik zu liquidieren.«

Kommentar zur Urteilsverkündung im Schauprozess gegen »Grenzverletzer und Terroristen«

Carsten Mohr und Gotfried Steglich verbüßen die Haftstrafen in Bautzen II.
DDR-Radiobeitrag »Zeitgeschehen im Funk«, 4. Juli 1962, Auszug
Deutsches Rundfunkarchiv

»Der heute vor dem Obersten Gericht der Republik abgeschlossene Prozess gegen fünf Terroristen liefert den nachhaltigen Beweis dafür. Vorbestrafte arbeitsscheue, notorische Einbrecher, Autodiebe und Mörder, das sind die Helden, die Adenauer, Brandt und Gehlen für ihre Verbrechen gegen uns mobilisieren, schmutzige Werkzeuge, schmutzige Politiker. Wir, die Bürger der Deutschen Demokratischen Republik, werden ihren Anschlägen wirksam begegnen.«

Entführungen

Das MfS bezeugt seinen Allmachtsanspruch durch die gezielte Planung und Durchführung von Entführungen politischer Gegner. In den vierzig Jahren ihres Bestehens verschleppt die Stasi schätzungsweise 700 Menschen aus West-Berlin und der Bundesrepublik in die DDR. Entführungsopfer werden mit Medikamenten betäubt oder bewusstlos geschlagen und verschleppt. Eine Variante der Stasi ist auch, SED-Gegner durch Täuschung in die DDR zu locken und sie dann vor Ort festzunehmen. Die Verschleppten werden von Gerichten der DDR verurteilt und lange Jahre in Haftanstalten zum Schweigen gebracht. Im Visier der Stasi stehen Mitarbeiter westlicher Geheimdienste, kritische Rundfunk- und Zeitungsjournalisten, Mitarbeiter der Ostbüros westdeutscher Parteien sowie Fluchthelfer. Außerdem verfolgt die Stasi Deserteure von Sicherheitsorganen der DDR und geflüchtete ehemalige Staats- und Parteifunktionäre, die sich im Westen in Sicherheit wähnen. Bis zur Abriegelung der DDR durch den Mauerbau 1961 demonstriert die Staatssicherheit massenhaft, dass es selbst außerhalb der DDR keinen Schutz vor ihrer Verfolgung gibt. Danach werden Entführungen zu Einzelfällen.

Mindestens dreizehn der Entführungsopfer des MfS verbüßen ihre Freiheitsstrafen in Bautzen II.

Verschleppt, verschwunden,

Die Reihe der Entführungen aus Westberlin reißt nicht ab, nur Taktik und Methoden sind verfeinert

Spurlos verschwand aus Westberlin der Journalist Karl W. Fricke. Nach den Ermittlungen der Polizei hatte er, der als Spezialist in Ostfragen galt, eine Verabredung mit einem Gewährsmann, der sich als „Gehlen-Agent" eingeführt hatte und ihm laufend Material aus dem Osten lieferte. Von dieser Verabredung kehrte Fricke nicht zurück. Man nimmt mit Sicherheit an, daß er von diesem „Gehlen-Agenten", dem 40jährigen Kurt Rittwagen, alias Mauer, entführt wurde. Denn wenig später floh Rittwagen in den Sowjetsektor und bat dort — wie die Ostpresse meldete — um „politisches Asyl". Vierundzwanzig Stunden nach dem Verschwinden Frickes erhielt seine Wirtin ein fingiertes Telegramm aus Hannover mit der Unterschrift „Fricke" (unten). Was bezweckte die Irreführung? Der SSD wollte von den Spuren einer Entführung ablenken. Zu denken gibt in dem Text die richtige Namensnennung von Frickes Braut, Friedelinde B. (Bild rechts). Sie war also dem SSD bekannt. Trotzdem fuhr sie gleich nach Frickes Verschwinden zum Besuch ihrer Eltern in die Sowjetzone und kehrte nach 14tägigem Aufenthalt unbehelligt nach Westberlin zurück.

Entführungsbericht, 14. Mai 1955
Im April 1955 verschleppt die Stasi den Journalisten Karl Wilhelm Fricke von West- nach Ost-Berlin. In der Westpresse erregt sein Verschwinden großes Aufsehen.
Das Oberste Gericht der DDR verurteilt ihn zu Unrecht wegen Spionage zu vier Jahren Zuchthaus. Seine Strafe verbüßt er bis Ende März 1959 in Bautzen II.

Illustrierte Berliner Zeitschrift

Sonderhaftanstalt

Am 9. August 1956 werden die ersten 124 Gefangenen der Staatssicherheit nach Bautzen II überführt. Aus politischen Gründen sollen sie ihre Haft nicht in einer der regulären Vollzugsanstalten der DDR verbüßen. Anfangs wird das Gefängnis von der Haftanstalt Bautzen I mit verwaltet. Ab 1963 erhält Bautzen II seine vollständige Eigenständigkeit und wird somit endgültig zum sorgfältig abgeschirmten Sonderobjekt der Stasi. Formal bleibt es eine Haftanstalt des Ministeriums des Innern, dem der Strafvollzug in der DDR untersteht. Aber das Ministerium für Staatssicherheit zieht die Kontrolle über alle politisch wichtigen Entscheidungen an sich. Es bestimmt nicht nur, welche Gefangenen nach Bautzen II verlegt werden, sondern kontrolliert, verhört, bespitzelt, demoralisiert und isoliert sie auch noch während der Haft. Die letzte Einweisung von Häftlingen durch die Staatssicherheit nach Bautzen II erfolgt am 20. November 1989.

Das Wort der Partei
wird eingelöst.
Für jeden lohnt es sich,
sein Bestes zu geben!
IX

Eingang Bautzen II, 1977

Stern

Politischer Strafvollzug

Der Strafvollzug der DDR ist seit 1950 Aufgabe der Deutschen Volkspolizei. Nach sowjetischem Vorbild ist er dem Ministerium des Innern unterstellt. Lange wird der Strafvollzug über Dienstanweisungen geregelt. Erst 1968 erlässt die DDR ein Strafvollzugsgesetz. Ziel des Strafvollzugs ist es, die Straftäter sicher zu verwahren und zu erziehen. Sie sollen die »Verwerflichkeit ihrer Straftat« erkennen, die »Unantastbarkeit der sozialistischen Staats- und Gesellschaftsordnung« akzeptieren, »Verantwortung gegenüber der sozialistischen Gesellschaft« übernehmen und die »Verpflichtung zur Wiedergutmachung« erfüllen. 1977 gibt es ein neues Strafvollzugsgesetz, das die Haftbedingungen zwar leicht verbessert, doch an den Grundsätzen nichts ändert.

Offiziell gibt es in der DDR keine politischen Gefangenen. Trotzdem unterliegen aus politischen Gründen Verurteilte besonders harten Haftbedingungen. »Politische« werden in der Regel in die strengste Haftkategorie eingeordnet. Sie erhalten schlechtere Arbeit, bekommen weniger Vergünstigungen gewährt, werden schneller und strenger bestraft, sind häufiger Schikanen ausgesetzt und werden von der Staatssicherheit stärker kontrolliert. 1989 gibt es 44 Strafvollzugseinrichtungen in der DDR, in denen neben kriminellen auch immer politische Gefangene inhaftiert sind.

Strafvollzug und Staatssicherheit

Die Staatssicherheit kontrolliert das Ministerium des Innern und damit auch den Strafvollzug. Das ist Aufgabe der Abteilung VII (Abwehr). Sie ist für die Überwachung des Personals im Strafvollzug zuständig. Schon bei der Auswahl und der Beförderung der Bediensteten übt das MfS Einfluss aus. Die Staatssicherheit überprüft das moralische Verhalten und die politische Einstellung des Personals mit geheimpolizeilichen Methoden. Zudem kontrolliert die Abteilung VII die Sicherheit in den Haftanstalten. Sie inspiziert die Gefängnisse und macht Vorschläge zur Beseitigung von Sicherheitsmängeln. Als drittes ist die Abteilung VII für die Überwachung von Strafgefangenen zuständig. Dazu setzt sie systematisch Inoffizielle Mitarbeiter ein. Insbesonders politische Häftlinge stehen unter ständiger Beobachtung. Auch in Bautzen II ist die Abteilung Abwehr des MfS mit der Überwachung betraut. Konkret zuständig ist die Bezirksverwaltung Dresden. Bis Ende 1989 übernimmt sie die Überwachung des Personals und überprüft Sicherheitsmängel. Die Kontrolle der Häftlinge wird in Bautzen II ab 1963 von der Hauptabteilung IX (Untersuchung) übernommen.

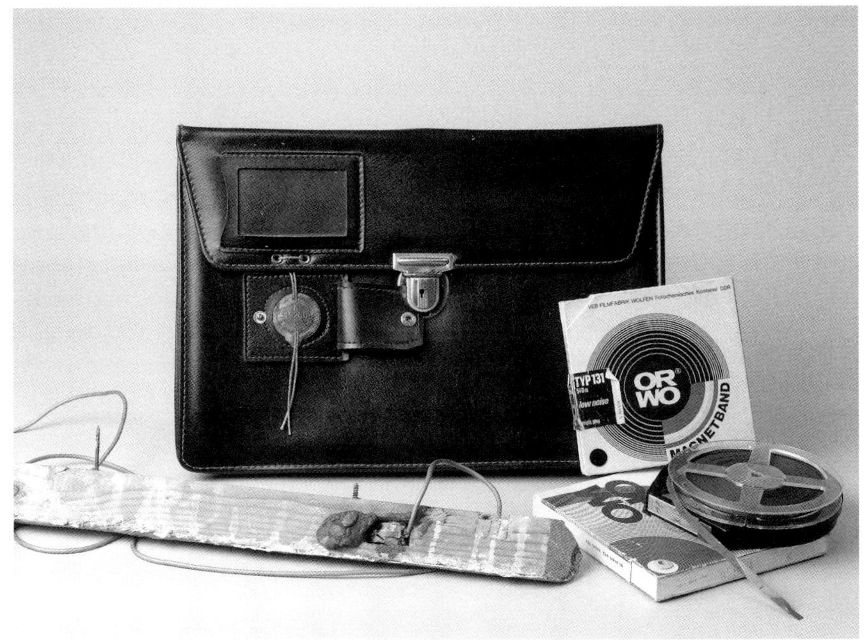

Überwachungszeugnisse der Staatssicherheit, 1960er bis 1980er Jahre
Die Stasi baut in eine Scheuerleiste des Besucherzimmers eine »Wanze« zum Abhören von Gesprächen ein. Bei Bauarbeiten wird sie 1995 gefunden. Gespräche zwischen Gefangenen und Besuchern werden heimlich auf Tonbändern aufgenommen. Mitarbeiter der Stasi transportieren Tonbänder und Dokumente mit Kuriertaschen zur Auswertung und Archivierung nach Berlin in die Zentrale der Staatssicherheit. Die Taschen können versiegelt werden.

Gedenkstätte Bautzen

»In Bautzen II sind die verschiedensten Kategorien der vom Ministerium für Staatssicherheit bearbeiteten Strafgefangenen wie Westberliner, Westdeutsche und ausländische Staatsangehörige, ehemalige Mitarbeiter des MfS, IMs und solche Bürger der DDR inhaftiert, die unter Anwendung der raffiniertesten Mittel und Methoden gefährliche Staatsverbrechen begangen haben.«

Dienstanweisung des MfS, Auszug 1963
Die Stasi bestimmt, dass politische Gefangene, die sie für die DDR als besonders gefährlich einstuft, in Bautzen II zu inhaftieren sind.

BStU

Stasi in Bautzen II

Das Ministerium für Staatssicherheit hat keine eigenen Vollzugsanstalten. Mit der Einrichtung von Bautzen II entsteht eine Sonderhaftanstalt zur Isolierung ausgesuchter Häftlinge der Stasi. Formal untersteht Bautzen II dem Ministerium des Innern. Das MfS übernimmt aber ab 1956 die vollständige Kontrolle in Bautzen II. Mit der Eigenständigkeit 1963 kommt ein hauptamtlicher Offizier als Vertreter der Hauptabteilung IX (Untersuchung) dauerhaft ins Haus. Damit sind zwei Abteilungen der Staatssicherheit in Bautzen II vertreten – die Hauptabteilung IX und die Abteilung VII (Abwehr). Das ist einmalig im Strafvollzug der DDR. Die Abteilung VII überwacht das Personal und die Sicherungseinrichtungen im Gefängnis. Die Hauptabteilung IX ist zuständig für die »operative Bearbeitung« der Häftlinge. Sie bestimmt, welche Personen in Bautzen II eingewiesen werden und will auch nach der Verurteilung weitere Informationen zu den Häftlingen und dem jeweiligen Fall ermitteln. Sie verhört die Gefangenen und richtet ein ausgeklügeltes Spitzelsystem zur Unterstützung ihrer Ermittlungen ein. Die Abteilung IX ist direkt an das Ministerium für Staatssicherheit in Berlin angebunden. Die Vernehmer aus Berlin können jederzeit unangemeldet und vom Strafvollzug völlig unkontrolliert Verhöre in Bautzen II durchführen.

228

Hauptabteilung IX

Berlin, am 29. 7. 1957
Schn.

BStU
000275

einverstanden
Mielke 29/7.57

V o r s c h l a g

für den Strafvollzug der Gruppe HARICH – JANKA

1. H A R I C H — Haftanstalt II Bautzen; Zusammenlegung mit Häftling, der zu einer längeren Strafe verurteilt ist, unbedingt aber mit seinen Verbrechen gebrochen hat.
HARICH die Möglichkeit geben, auf philosophischem Gebiet zu arbeiten.
Vor seiner Einlieferung in den Strafvollzug die Eheschließung durchführen.

2. STEINBERGER — auf Vorschlag des Generalstaatsanwalts in die Haftanstalt Berlin-Hohenschönhausen; dort wissenschaftlich arbeiten lassen, neben einer regulären Tätigkeit

3. J A N K A — Einzelhaft in Bautzen II oder Zusammenlegung mit lebenslänglich Verurteilten. (Kein Krimineller)
Zusammenlegung mit geeigneten ZZ.
Entsprechend den Arbeitsmöglichkeiten arbeiten lassen.

Vorschlag vorlegen M.

4. J U S T — Haftanstalt II Bautzen; nach Möglichkeit mit Häftling zusammenlegen, der zu einer längeren Strafe verurteilt ist und offen mit seinen Verbrechen gebrochen hat.
Entsprechend den vorhandenen Möglichkeiten arbeiten lassen

– 2 –

Anweisung des MfS, 1957, Auszug
Der Minister für Staatssicherheit, Erich Mielke, legt die Haftbedingungen prominenter Gefangener persönlich fest.

BStU

Berlin, den 18. 11. 1975
6 Expl.

BStU
000011

Vereinbarung

zur Gewährleistung der politisch-operativen Aufgaben in der Strafvollzugseinrichtung Bautzen II

Die Strafvollzugseinrichtung Bautzen II wird entsprechend der gesetzlichen Bestimmungen sowie der Befehle und Weisungen des Ministers des Innern und Chefs der Deutschen Volkspolizei angeleitet und geführt.
Für die politisch-operative Sicherung und die Organisation der Abwehrarbeit in der StVE Bautzen II ist die Abteilung VII der BV Dresden in Koordinierung mit der Hauptabteilung VII verantwortlich.
In diese Einrichtung werden solche straffällig gewordenen Personen (DDR-Bürger und Ausländer) auf Veranlassung der HA IX eingewiesen, die vorwiegend durch die Untersuchungsabteilungen des MfS wegen Staatsverbrechen und anderer krimineller Delikte mit hoher Gesellschaftsgefährlichkeit bearbeitet wurden.
Die Wahrnehmung der sich daraus ergebenden spezifischen Interessen der Hauptabteilung IX während des Vollzuges der Strafen mit Freiheitsentzug an diesen Personen und die Gewährleistung einer hohen Sicherheit durch die Linie VII erfordern eine enge Zusammenarbeit.
Zur Realisierung der vom Genossen Minister in der DA 2/75 gestellten Aufgaben

wird vereinbart:

1. Die Abteilung VII der BV Dresden organisiert die politisch-operative Abwehrarbeit in der StVE Bautzen II

2. Die Hauptabteilung IX ist entsprechend der DA 2/75 des Genosse Minister verantwortlich für die politisch-operative Sicherung der Strafgefangenen der StVE Bautzen II.
Die Hauptabteilung IX konzentriert sich auf

- die Organisation und Durchführung der politisch-operativen Abwehrarbeit unter den Strafgefangenen sowie die weitere operative Kontrolle und Bearbeitung von Strafgefangenen zur Klärung von Verdachtshinweisen aus der vorangegangenen Vorgangsbearbeitung;
- die Einflußnahme auf eine den operativen Erfordernissen entsprechende Unterbringung in den Verwahrbereichen und die Zusammensetzung der Arbeitskommandos;
- die politisch-operative Sicherung der Besuchsdurchführung von Familienangehörigen und anderen Personen mit Strafgefangenen sowie die operative Überwachung und Kontrolle der durch Mitarbeiter diplomatischer Vertretungen stattfindende: Konsularbesuche;

- die Einleitung strafprozessualer Maßnahmen, wenn im Ergebnis der vorgangsmäßigen Bearbeitung der dringend Tatverdacht der Begehung von Straftaten durch Strafge fangene erarbeitet wurde;
- die Übergabe von erarbeiteten politisch-operativen In formationen und Materialien an die zuständigen Dienst einheiten des MfS sowie die Festlegung von Maßnahmen der weiteren operativen Bearbeitung in Abstimmung mit diesen Diensteinheiten.

Vereinbarung zwischen MfS und MdI, 1975, Auszug
Schriftlich werden die Zuständigkeiten in Bautzen II geregelt.

BStU

Hauptabteilung VII/1

Berlin, den 25. 10. 1963
Pa./Rd.
Tgb.-Nr.:VII/1/3200 /63

An den
Leiter der Hauptabteilung/Abteilung -III-

im Hause

Betr.: Verfahrensweise bei Vernehmungen von Strafgefangenen in der StVA Bautzen II

Bezug: Dienstanweisung Nr.30/63 des MdI, GVS-Nr. B 3/1-41/63

In Übereinstimmung mit der Hauptabteilung IX des MfS und der Verwaltung Strafvollzug des MdI wurde durch die im Bezug genannte Dienstanweisung die Verfahrensweise bei Vernehmungen von Strafgefangenen in der StVA Bautzen II durch Dienststellen des MfS neu geregelt.
Ab sofort sind alle Ersuchen zum Zwecke der Vernehmung von Strafgefangenen in der StVA Bautzen II nicht mehr an die Hauptabteilung VII, sondern an die Hauptabteilung IX des MfS zu richten. Die Ersuchen sind von den Leitern der Hauptabteilungen bzw. selbständigen Abteilungen oder deren Stellvertretern zu bestätigen

Ab sofort haben zur StVA Bautzen II nur noch Mitarbeiter des MfS Zutritt, die durch die Hauptabteilung IX dem für die StVA Bautzen II zuständigen Mitarbeiter, Olt. K e m p e , gemeldet wurden.

Die Hauptabteilung VII bittet um Kenntnisnahme und Beachtung dieses neuen Verfahrensweges.

Leiter der Hauptabteilung VII

(J a m i n)
Oberst

Dienstanweisung des MdI, 1963, Auszug

BStU

Häftlinge

In Bautzen II sind zwischen August 1956 und Dezember 1989 insgesamt 2 341 Menschen inhaftiert; darunter 426 Frauen. Ihre Verurteilungen haben zu 80 Prozent einen politischen Hintergrund. Unter den sich ändernden Bestimmungen des Politstrafrechts der DDR sind in Bautzen II immer zahlreiche »Staatsverbrecher« und »Spione« inhaftiert. Bis Mitte der sechziger Jahre zählen dazu viele prominente Kritiker der SED-Diktatur. Darüber hinaus nutzt die Staatssicherheit das Gefängnis zur Isolierung straffällig gewordener Funktionäre aus dem Herrschaftsapparat der SED. Neben DDR-Bürgern werden auch viele Westdeutsche und Ausländer verschiedenster Nationen gefangen gehalten. In Bautzen II sind durchschnittlich 150 Menschen inhaftiert. Der Höchststand wird im Juli 1962 mit 260 Gefangenen, der Tiefststand im Dezember 1972 mit 42 Gefangenen erreicht.

Elektrozaun von Bautzen II, 1970er Jahre
Seit 1968 verstärkt ein Elektrozaun die Außensicherung der Sonderhaftanstalt. Er ist auf den vier Meter hohen Umwehrungsmauern montiert und führt 380 Volt Wechselstrom.

Gedenkstätte Bautzen

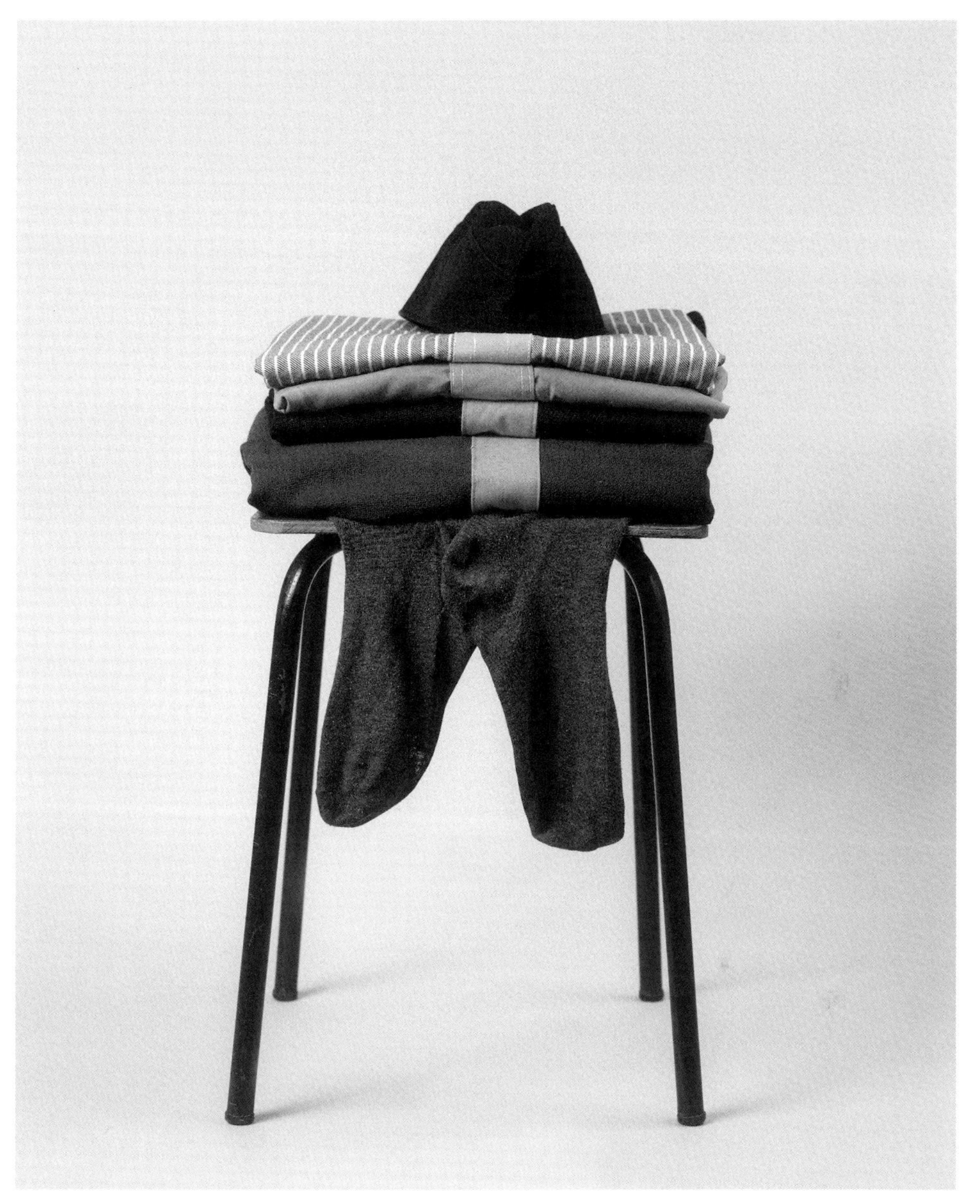

Häftlingskleidung, 1980er Jahre
Die Gefangenen müssen zur Nachtruhe ihre Kleidung in einem exakt gefalteten »Päckchen« auf einen Hocker vor ihrer Zelle ablegen.

Gedenkstätte Bautzen

Gefangene in Bautzen II, 1956 bis 1989

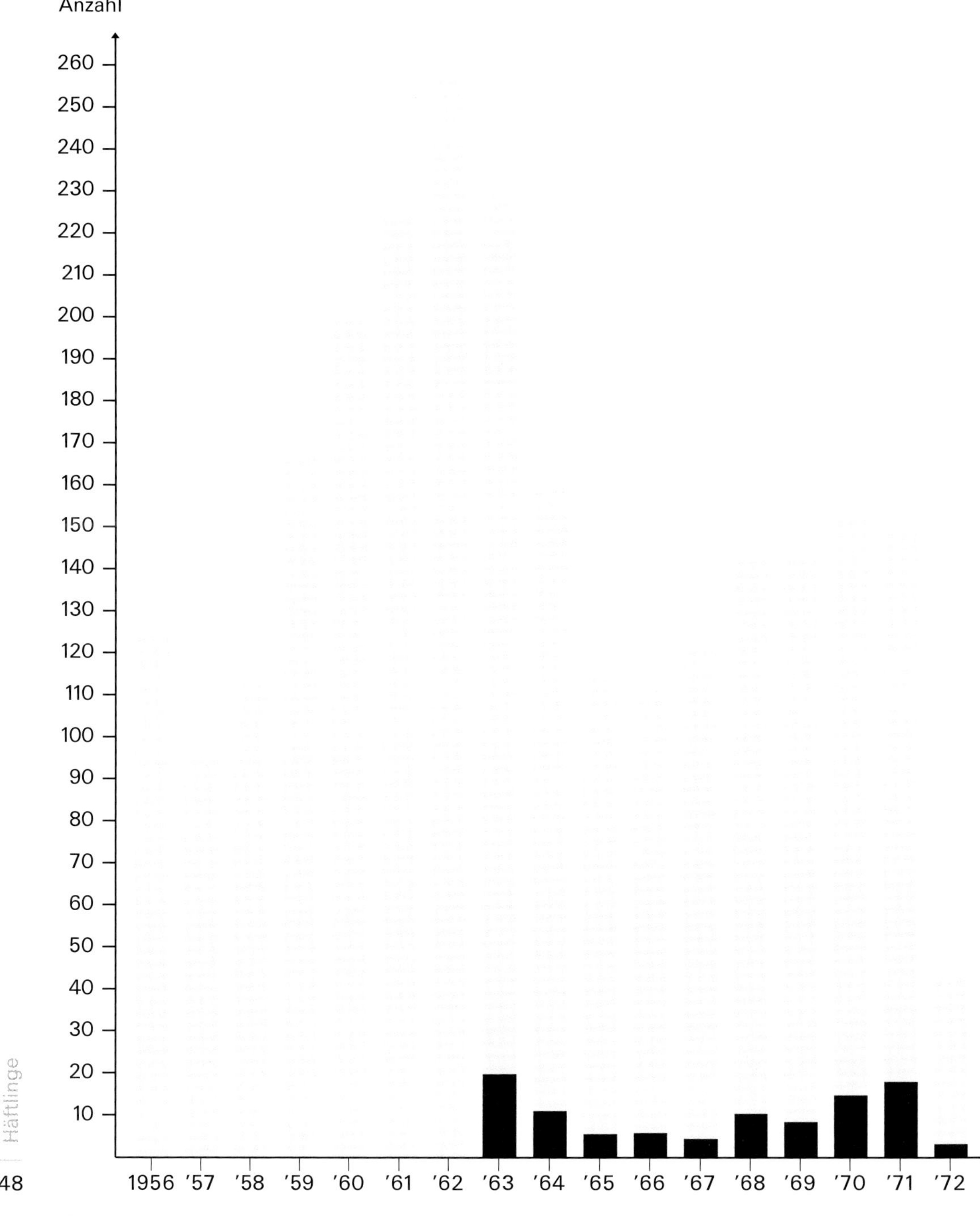

Hafteingangsbuch Bautzen II, 1956 – 1989
JVA Bautzen

gesamt

davon Frauen

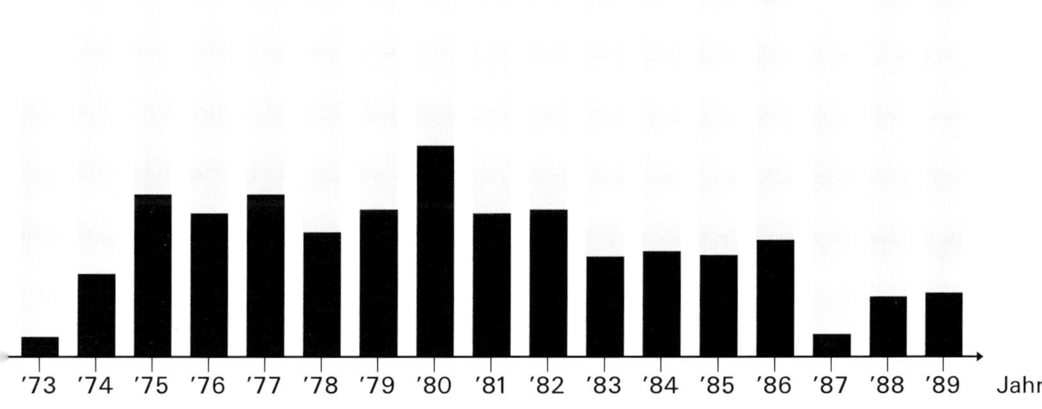

Urteilsgründe, Oktober 1979

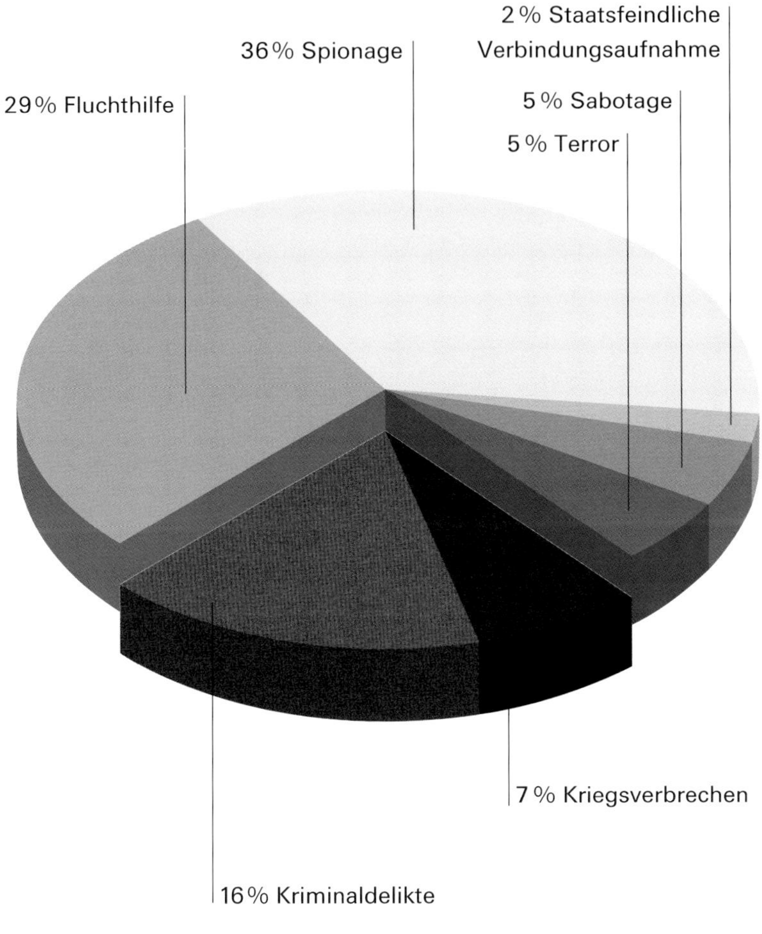

Statistik des MfS, 1979

BStU

Artikel 6 der Verfassung, 1949

»Boykotthetze«
»Boykotthetze gegen demokratische Einrichtungen und demokratische Organisationen, Mordhetze gegen demokratische Politiker, Bekundung von Glaubenshass, Rassenhass, Völkerhass, militaristische Propaganda sowie Kriegshetze und alle sonstigen Handlungen, die sich gegen die Gleichberechtigung richten, sind Verbrechen im Sinne des Strafgesetzbuches.«

Strafrechtsergänzungsgesetz, 1957
»Verbrechen gegen den Staat und die Tätigkeit seiner Organe«

§ 13 Staatsverrat
§ 14 Spionage
§ 15 Sammlung von Nachrichten
§ 16 Verbindung zu verbrecherischen Organisationen oder Dienststellen
§ 17 Staatsgefährdende Gewaltakte
§ 18 Angriffe gegen örtliche Organe der Staatsmacht
§ 19 Staatsgefährdende Propaganda und Hetze
§ 20 Staatsverleumdung
§ 21 Verleiten zum Verlassen der DDR
§ 22 Diversion
§ 23 Schädlingstätigkeit und Sabotage

Strafgesetzbuch, 1968
»Verbrechen gegen die DDR«

§ 96 Hochverrat
§ 97 Landesverrat/Spionage
§ 98 Landesverrat/Sammlung von Nachrichten
§ 99 Landesverräterischer Treuebruch
§ 100 Staatsfeindliche Verbindungen
§ 101 Terror (gegen den Staat)
§ 102 Terror (gegen staatliche Funktionsträger)
§ 103 Diversion
§ 104 Sabotage
§ 105 Staatsfeindlicher Menschenhandel [Fluchthilfe]
§ 106 Staatsfeindliche Hetze
§ 107 Staatsfeindliche Gruppenbildung
§ 108 Staatsverbrechen, die gegen ein anderes sozialistisches Land gerichtet sind
§ 109 Gefährdung der internationalen Beziehungen

»Straftaten gegen die staatliche Ordnung«

§ 212 Widerstand gegen staatliche Maßnahmen
§ 213 Ungesetzlicher Grenzübertritt [Republikflucht]
§ 214 Beeinträchtigung staatlicher oder gesellschaftlicher Tätigkeit
§ 215 Rowdytum
§ 217 Zusammenrottung
§ 218 Vereinsbildung zur Verfolgung gesetzwidriger Ziele
§ 219 Ungesetzliche Verbindungsaufnahme
§ 220 Staatsverleumdung
§ 221 Herabwürdigung ausländischer Persönlichkeiten
§ 222 Missachtung staatlicher und gesellschaftlicher Symbole
§ 223 Beschädigung öffentlicher Bekanntmachungen

Politstrafrecht der DDR, 1949 bis 1989

Staatsverbrechen

Politische Urteile werden anfangs unter Berufung auf alliiertes Besatzungsrecht in Verbindung mit dem Artikel 6 der Verfassung der DDR gefällt. Artikel 6 charakterisiert »Boykotthetze gegen demokratische Einrichtungen« als Verbrechen. Er ist kein Gesetz, das eine konkrete Handlung unter Strafe stellt. Seine allgemeinen Formulierungen instrumentalisiert die DDR-Justiz, um politisch unliebsame Äußerungen in der Öffentlichkeit als Hetze strafrechtlich verfolgen zu können. Parallel dazu kriminalisiert das SED-Regime die Flucht der Bevölkerung in den Westen aus familiären, wirtschaftlichen oder politischen Gründen. Das Überschreiten der DDR-Grenzen ohne staatliche Genehmigung ist seit dem Passgesetz von 1954 strafbar. Mit dem Strafrechtsergänzungsgesetz von 1957 wird schließlich die Kategorie »Staatsverbrechen« eingeführt, die im ersten sogenannten sozialistischen Strafgesetzbuch von 1968 eine erhebliche Erweiterung erfährt. Grundrechte wie Informations-, Meinungs-, Demonstrations- und Reisefreiheit können als »Spionage«, »Terror«, »Hetze« und »Grenzverletzungen« kriminalisiert werden. In den siebziger Jahren folgende Strafrechtsänderungsgesetze richten sich hauptsächlich gegen die Flucht- und Ausreisebewegung in der DDR.

Donnerstag, 4. Dezember 1969

Der Alltag in einem „DDR"-Zuchthaus

Prominente Häftlinge werden in Bautzen streng abgeschirmt

Von HANS-ERICH BILGES, Berlin

Das „DDR"-Zuchthaus Bautzen II symbolisiert die Brutalität des kommunistischen Herrschaftssystems auf deutschem Boden. Ungezählte Häftlinge waren seelisch und körperlich zerbrochen, als sie nach langen Jahren wieder die Freiheit gewannen. Der nachfolgende Bericht schildert die Erlebnisse des heute 38 Jahre alten Dolmetschers Wolfgang Veith, der nach achtjähriger Haftzeit kürzlich aus Bautzen entlassen wurde.

Veith machte zwei Züge aus der „Balkan"-Zigarette, dann wurde ihm übel, er verspürte einen starken Druck im Kopf und fiel vornüber. Am 10. August 1961, drei Tage vor dem Bau der Berliner Mauer, faßte der Staatssicherheitsdienst zu. Mit einem Trick hatte der SSD den damals 30jährigen Wolfgang Veith am Nollendorfplatz in West-Berlin überwältigt und nach Ost-Berlin verschleppt.

Veith hatte keinen Argwohn geschöpft, als ihn am 7. August 1961 ein Schreiben des heutigen Stellvertretenden Chefredakteurs der „Leipziger Volkszeitung" Paul Böttcher erreichte, den er seit mehreren Jahren kannte. In dem Brief hatte Böttcher um ein Treffen mit Veith gebeten. Statt Böttcher kam dessen Tochter — gefolgt von SSD-Agenten.

Als Veith aufwachte, befand er sich in einer schmutzigen Zelle im Keller

Früher war Bautzen II Untersuchungsgefängnis

Die Strafvollzugsanstalt „Bautzen II" in Bautzen, Lessingstraße 7, Postanschrift Bautzen, Postfach 100, wurde am 9. August 1956 in Betrieb genommen. Sie steht unter Verwaltung des Ministeriums für Staatssicherheit (MfS), gilt als politisches „Prominentengefängnis" und ist mit durchschnittlich 90 Häftlingen belegt. Das Gebäude wurde schon vor dem Krieg errichtet und diente damals als Untersuchungsgefängnis des Amtsgerichts Bautzen. In Veröffentlichungen ist es häufig mit dem Zuchthaus Bautzen I verwechselt oder gleichgesetzt worden, in dem nur kriminelle Häftlinge ihre Strafe verbüßen.

sonen sind in Bautzen für die rund 150 Häftlinge zuständig. Sieben vom SSD ausgesuchte Offiziere befehlen, und 50 untergeordnete Dienstkräfte führen die Befehle aus — der Rest sitzt auf „Schreibstuben".

Das Zuchthaus Bautzen II ist in fünf Stationen unterteilt — für Ausländer, Bürger der Bundesrepublik und West-Berlins, Schiffsbesatzungen, ehemalige Angehörige des Ministeriums für Staatssicherheit (MfS) und Frauen.

Kontakte zwischen den Häftlingen sind untersagt — wer ertappt wird, muß mit 21 Tagen verschärftem Arrest rechnen. Dennoch haben die Häftlinge ein gut funktionierendes Kommunikationssystem entwickelt. Prominente Häftlinge werden in Bautzen besonders streng abgeschirmt. So mußte der erste „DDR"-Außenminister Georg Dertinger, der 1954 zu 15 Jahren Zuchthaus verurteilt worden war, bis zu seiner Haftentlassung im Jahre 1964 ständig eine Sonnenbrille tragen, wenn er in der Zuchthauswerkstatt mit anderen Häftlingen zusammen arbeitete. Während Veiths Haftzeit befanden sich bis zu 20 „DDR"-Prominente in Bautzen, vornehmlich Wissenschaftler und Schriftsteller. Der Sohn des „DDR"-Staatssekretärs für Kirchenfragen, Hans Seigewasser, sitzt noch heute in Bautzen.

15 Pfennig Tagesverdienst

Der Tagesablauf ist für jeden Häftling gleich. Morgens um fünf Uhr weckt die Stimme eines Kalfaktors: „Nachtruhe beenden." Dann wird an die Zellentüren gepocht, die Häftlinge erhalten kaltes Waschwasser. Um 5.30 Uhr gibt es Frühstück: Brot, Margarine oder Schmalz, Marmelade und 50 Gramm Wurst. Vom Arbeitsverdienst (täglich etwa 15 Pfennig) können sie sich Zusatzrationen kaufen.

Zeitungsbericht, 1969
Die Medien in Westdeutschland berichten häufig über politische Gefangene in der DDR. Gerade auch die prominenten Gefangenen in Bautzen II sind Gegenstand der Berichterstattung.

Die Welt

BStU
000060
304

Militärobergericht Berlin
– 2. Strafsenat –
Az.: S 22/66 MOG-Be
Str. I-A 15/66 S

I m N a m e n d e s V o l k e s!

In der Strafsache

gegen den berufslosen
H e i n r i c h, Hans, Günter,
geboren am 04. Oktober 1937 in Meuselwitz,
wohnhaft in Leipzig C 1, Jahnallee 34,
zur Zeit in Untersuchungshaft in der UHA des MfS Berlin

wegen Spionage

hat der 2. Strafsenat des Militärobergerichts Berlin in der Hauptverhandlung vom 06. und 07. Juni 1966, an der teilgenommen haben:

Militärrichter Major (JD) K e i m,
als Vorsitzender,

Major H e y n,
Oberleutnant K l u g e,
als Militärschöffen,

Militärstaatsanwalt Oberstleutnant (JD) M ü l l e r
als Vertreter des Militäroberstaatsanwalts,

Oberfeldwebel B e n z,
Unterfeldwebel L e i t e r,
als Protokollführer,

für Recht erkannt:

Der Angeklagte wird wegen Spionage (§ 14 StEG) zu

5 – fünf – Jahren Zuchthaus

verurteilt.
Die Untersuchungshaft wird seit dem 04. 01. 1966 auf die erkannte Strafe angerechnet.
Der Angeklagte hat die Auslagen des Verfahrens zu tragen.

-2-

Urteil des Militärobergerichts der DDR, 1966
Günter Heinrich wird am 7. Juni 1966 zu Unrecht wegen Spionage verurteilt.
Er ist bis Dezember 1969 in Bautzen II inhaftiert.

Spionage

Spionage ist ein Staatsverbrechen, dessen Definition sich in der Geschichte der DDR wandelt. Jeder Kontakt zum Westen kann als Spionage ausgelegt werden. Bis Ende der fünfziger Jahre wird unter diesem Vorwurf häufig der politische Widerstand gegen die Errichtung der SED-Diktatur verfolgt, der Unterstützung aus dem westdeutschen Teil des Landes erfährt. Die Grenzen zwischen politischer Aufklärung, Propaganda und Informationsgewinnung mit geheimdienstlichen Methoden sind fließend. Nach der Gesetzeslage der siebziger und achtziger Jahre kann bereits die Sammlung öffentlich zugänglicher Informationen als Spionage verfolgt werden. Außerdem gibt es die klassische Spionage als Ausspähung geheimer Informationen durch ausländische Geheimdienste. Dabei können politische Gründe eine Rolle spielen. Insbesondere DDR-Bürger begründen ihre Zusammenarbeit mit westlichen Geheimdiensten mit der Enttäuschung über die gesellschaftliche Entwicklung in der DDR.

Fluchthilfe

Mit zunehmender Abriegelung der DDR-Grenzen durch Grenzzaun, Schießbefehl und Mauerbau 1961 dient das politische Strafrecht auch dazu, das unerlaubte Überqueren der Staatsgrenze zu kriminalisieren. Dem steht das Grundrecht auf Freizügigkeit entgegen, zu dem sich die DDR-Regierung sowohl in der Verfassung als auch international mit der Aufnahme in die UNO 1973 sowie der Unterzeichnung internationaler Verträge wie der KSZE-Schlussakte 1975 bekennt. Trotzdem werden bis November 1989 das Verlassen der DDR ohne staatliche Genehmigung als »Republikflucht«, Hilfe zur Flucht als »Menschenhandel« und innerhalb der DDR organisierte Proteste gegen die Einschränkung der Reisefreiheit als »Beeinträchtigung staatlicher Tätigkeit« verfolgt.

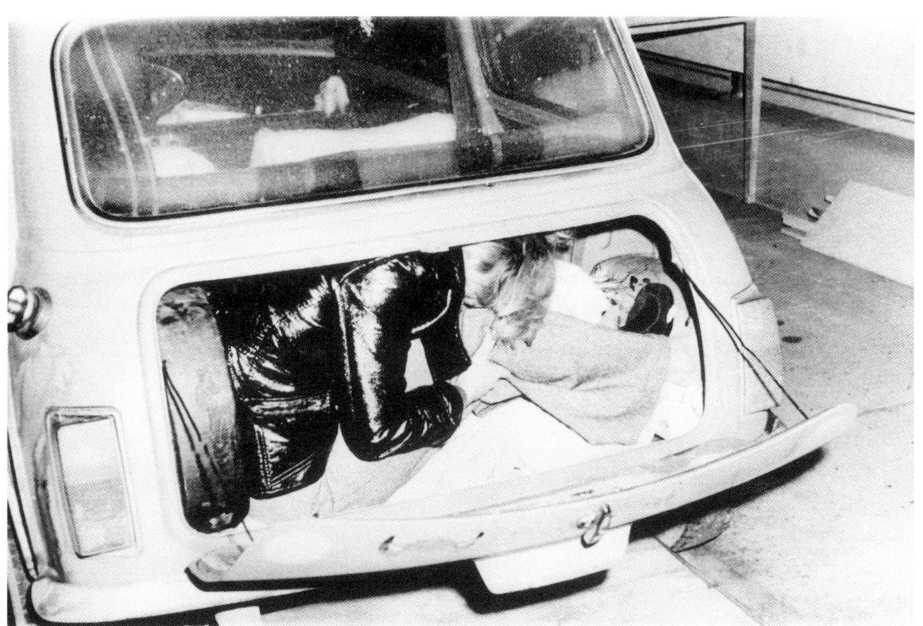

Fotodokumentation eines Fluchtversuches, 1975
Der Schweizer Peter Gross versucht, seiner Freundin Christa Feurich zur Flucht aus der DDR zu verhelfen. Das Unternehmen scheitert. Fotografisch hält die Staatssicherheit jeden Schritt der Verhaftung fest. Beide sind von Juni 1975 bis Mai 1978 in Bautzen II inhaftiert.

BStU

Kriminaldelikte

In Bautzen II sind immer auch Menschen wegen krimineller Straftaten inhaftiert. Meistens handelt es sich dabei um Amts- und Funktionsträger des SED-Parteiapparates, höhere Wirtschaftsfunktionäre oder Militärpersonen. Häufig sind sie wegen Veruntreuung oder Korruption sowie Sittlichkeits- und Tötungsdelikten verurteilt. Ebenso sind in Bautzen II Kriegsverbrecher inhaftiert, die von der DDR-Justiz zum Teil erst in den siebziger Jahren verfolgt werden.

Die Kategorie »Kriminaldelikte« umfasst auch Verurteilungen wegen Befehlsverweigerung oder Fahnenflucht durch Angehörige der Armee, der Staatssicherheit oder der Polizei. Besonders hohe Haftstrafen sollen vor Nachahmung abschrecken. Zum Teil verbirgt sich hinter diesen Delikten widerständiges Verhalten Einzelner unter den Bedingungen eines totalitären Regimes.

VVS MfS 014-345/85 19

Übersicht Nr. 8

über die Zusammensetzung der Strafgefangenen der StVE Bautzen II nach Delikten

	Spionage u. Verratsdelikte	Terror, Sabotage, Wirtschaftsverbrechen	Menschenhandel	§§ 213, 219
Männer	55	24	9	32
Frauen	6	-	3	9

	Hetze	VgM	schwere Kriminalität	allgemeine Kriminalität
Männer	8	5	6	33
Frauen	1	-	1	3

Übersicht Nr. 9

über die Zusammensetzung der Strafgefangenen der StVE Bautzen II nach der Strafhöhe

	bis 2 J.	bis 5 J.	bis 10 J.	bis 15 J.	ll
Männer	13	59	55	23	22
Frauen	5	8	8	1	1

Häftlingsanalyse des MfS, 1984

BStU

643

GESETZBLATT
der Deutschen Demokratischen Republik
Teil I

1957	Berlin, den 23. Dezember 1957	Nr. 78

Gesetz zur Ergänzung des Strafgesetzbuches — Strafrechtsergänzungsgesetz —.

Vom 11. Dezember 1957

Erster Teil
Ergänzung zum Allgemeinen Teil des Strafgesetzbuches

Bedingte Verurteilung

§ 1

(1) Eine Verurteilung zu einer Gefängnisstrafe bis zu 2 Jahren kann bedingt ausgesprochen werden, wenn der Grad der Gesellschaftsgefährlichkeit der Tat, die Umstände, unter denen sie begangen wurde, und das Verhalten des Täters vor und nach Begehung der Straftat dies rechtfertigen. Die bedingte Verurteilung bewirkt, daß die festgesetzte Strafe nur vollstreckt wird, wenn der Verurteilte während einer vom Gericht festzusetzenden Zeit von 1—5 Jahren (Bewährungszeit) eine neue Straftat begeht, für die eine mehr als dreimonatige Gefängnisstrafe ausgesprochen wird.

(2) Die bedingte Verurteilung erstreckt sich nicht auf Zusatzstrafen.

§ 2

Ist die Bewährungszeit abgelaufen, ohne daß die Bedingung für die Vollstreckung der Strafe eingetreten ist (§ 1 Absatz 1), so stellt das Gericht durch Beschluß fest, daß der Verurteilte als nicht bestraft gilt.

Öffentlicher Tadel

§ 3

(1) Der öffentliche Tadel soll den Täter durch die öffentliche Mißbilligung seines Verhaltens zur Erkenntnis der Verwerflichkeit und Gesetzwidrigkeit seines Handelns führen und ihn dadurch zur verantwortungsbewußten Erfüllung seiner Pflichten anhalten.

(2) Der öffentliche Tadel wird durch die Urteilsverkündung ausgesprochen.

§ 4

Auch ohne besondere Androhung der Geldstrafe kann neben öffentlichem Tadel zusätzlich auf Geldstrafe erkannt werden, wenn dies zur Verstärkung der erzieherischen Wirkung geboten ist.

§ 5

(1) Öffentlicher Tadel kann in Gesetzen und Verordnungen für bestimmte Straftaten als Strafe allein oder wahlweise neben anderen Strafen angedroht werden.

(2) Wird neben Freiheitsstrafe öffentlicher Tadel wahlweise angedroht, so ist die Verurteilung zu dieser Strafe nur zulässig, wenn nach dem gesamten bisherigen Verhalten des Täters seine Erziehung zur Achtung der sozialistischen Gesetzlichkeit durch eine solche Strafe erreicht werden kann.

§ 6

Auf öffentlichen Tadel kann an Stelle einer Gefängnisstrafe auch bei Verletzung früher erlassener Strafgesetze unter den Voraussetzungen des § 5 Absatz 2 erkannt werden, wenn das verletzte Strafgesetz Gefängnis androht und nicht eine Mindeststrafe von mehr als einem Monat vorgesehen ist.

Gesetzblatt, 1957, Auszug
Die DDR erweitert durch das Strafrechtsergänzungsgesetz das deutsche Strafgesetzbuch um politische Delikte.

Strafrechtsergänzungsgesetz 1957, Auszug

§ 13
Staatsverrat

Wer es unternimmt, die verfassungsmäßige Staats- oder Gesellschaftsordnung der Deutschen Demokratischen Republik durch gewaltsamen Umsturz oder planmäßige Untergrabung zu beseitigen,
mit Gewalt oder durch Drohung mit Gewalt die verfassungsmäßige Tätigkeit des Präsidenten der Republik, der Volkskammer oder der Länderkammer oder des Ministerrates oder ihrer Präsidien oder eines ihrer Mitglieder unmöglich zu machen oder zu behindern,
das Gebiet der Deutschen Demokratischen Republik einem anderen Staat einzuverleiben oder einen Teil desselben von ihr zu loszulösen,
wird wegen Staatsverrates mit Zuchthaus nicht unter fünf Jahren und Vermögenseinziehung bestraft.

§ 14
Spionage

Wer es unternimmt, Tatsachen, Gegenstände, Forschungsergebnisse oder sonstige Nachrichten, die im politischen oder wirtschaftlichen Interesse oder zum Schutze der Deutschen Demokratischen Republik geheimzuhalten sind, an andere Staaten oder deren Vertreter, an Organisationen oder Gruppen, die einen Kampf gegen die Arbeiter-und-Bauern-Macht oder andere friedliebende Völker führen, oder deren Vertreter oder Helfer auszuliefern oder zu verraten, wird wegen Spionage mit Zuchthaus nicht unter drei Jahren bestraft; auf Vermögenseinziehung kann erkannt werden.

§ 15
Sammlung von Nachrichten

Wer Nachrichten, die geeignet sind, die gegen die Arbeiter-und-Bauern-Macht oder andere friedliebende Völker gerichtete Tätigkeit der in § 14 genannten Stellen oder Personen zu unterstützen, für sie sammelt oder ihnen übermittelt, wird mit Zuchthaus bis zu zehn Jahren bestraft.
(...)

§ 19
Staatsgefährdende Propaganda und Hetze

Wer
1. den Faschismus oder Militarismus verherrlicht oder propagiert oder gegen andere Völker oder Rassen hetzt,

2. gegen die Arbeiter-und-Bauern-Macht hetzt, gegen ihre Organe, gegen gesellschaftliche Organisationen oder gegen einen Bürger wegen seiner staatlichen oder gesellschaftlichen Tätigkeit oder seiner Zugehörigkeit zu einer staatlichen Einrichtung oder gesellschaftlichen Organisation hetzt, Tätlichkeiten begeht oder sie mit Gewalttätigkeiten bedroht,
wird mit Gefängnis nicht unter drei Monaten bestraft. Der Versuch ist strafbar. Ebenso wird bestraft, wer Schriften oder andere Gegenstände mit einem derartigen Inhalt herstellt oder mit dem Ziele der Hetze einführt oder verbreitet.
(...)

§ 20
Staatsverleumdung
Wer
die Maßnahmen oder die Tätigkeit staatlicher Einrichtungen oder gesellschaftlicher Organisationen öffentlich verleumdet oder entstellt,
einen Bürger wegen seiner staatlichen oder gesellschaftlichen Tätigkeit oder seiner Zugehörigkeit zu einer staatlichen Einrichtung oder gesellschaftlichen Organisation öffentlich verleumdet oder verächtlich macht,
wird mit Gefängnis bis zu zwei Jahren bestraft.

§ 21
Verleitung zum Verlassen der Deutschen Demokratischen Republik
Wer es unternimmt, eine Person
im Auftrage von Agentenorganisationen, Spionageagenturen oder ähnlichen Dienststellen oder von Wirtschaftsunternehmen oder
zum Zwecke des Dienstes in Söldnerformationen
zum Verlassen der Deutschen Demokratischen Republik zu verleiten, wird mit Zuchthaus bestraft; auf Vermögenseinziehung kann erkannt werden.

Wer es unternimmt, einen Jugendlichen oder einen in der Berufsausbildung stehenden Menschen oder eine Person wegen ihrer beruflichen Tätigkeit oder wegen ihrer besonderen Fähigkeiten oder Leistungen mittels Drohung, Täuschung, Versprechen oder ähnlichen die Freiheit der Willensentscheidung beeinflussenden Methoden zum Verlassen der Deutschen Demokratischen Republik zu verleiten, wird mit Gefängnis nicht unter sechs Monaten bestraft.

Personal

Im August 1956 leisten in Bautzen II 3 Offiziere und 41 Wachtmeister der Volkspolizei Dienst. Mit der Eigenständigkeit der Haftanstalt 1963 wächst der Personalstamm an. Im Herbst 1989 gibt es 22 Offiziere, 55 Wachtmeister und 4 Zivilangestellte; 22 von ihnen sind Frauen. Bautzen II ist mit Personal deutlich besser gestellt als andere Haftanstalten in der DDR. Im Durchschnitt kommt ein Bediensteter auf zwei Gefangene. Die Auswahl des Personals folgt ideologischen Vorgaben. Es wird ein klares Feindbild gegenüber den Gefangenen gefordert. Von der Belegschaft sind 90 Prozent Mitglied der SED. Die Personalführung erfolgt zu einem wesentlichen Teil über die Parteigruppe der Haftanstalt, in der über dienstliche Probleme ebenso gesprochen wird wie über persönliche Verfehlungen. Ab 1963 hat die Staatssicherheit einen hauptamtlichen Offizier in Bautzen II. Er zählt nicht zum Gefängnispersonal, nimmt aber maßgeblichen Einfluss auf den Dienstbetrieb.

Eid

der Angehörigen der Deutschen Volkspolizei

Ich schwöre,

meinem sozialistischen Vaterland, der Deutschen
Demokratischen Republik und ihrer Regierung allzeit
treu ergeben zu sein, Dienst- und Staatsgeheimnisse zu wahren
und die Gesetze und Weisungen genau einzuhalten.
Ich werde unentwegt danach streben, gewissenhaft,
ehrlich, mutig, diszipliniert und wachsam meine
Dienstpflichten zu erfüllen.

Ich schwöre,

daß ich, ohne meine Kräfte zu schonen, auch unter Einsatz
meines Lebens, die sozialistische Gesellschafts-, Staats-
und Rechtsordnung, das sozialistische Eigentum,
die Persönlichkeit, die Rechte und das persönliche Eigentum
der Bürger vor verbrecherischen Anschlägen schützen werde,

Sollte ich dennoch diesen meinen feierlichen Eid brechen,
so möge mich die Strafe der Gesetze unserer Republik treffen.

Tafel mit Eidesformel, um 1980
Angehörige des Strafvollzugs werden ab Dezember 1964 wie Soldaten vereidigt. Sie erhalten eine militärische Grundausbildung und müssen regelmäßig Wehrübungen abhalten.

Gedenkstätte Bautzen

Aufsichtskanzel in Bautzen II,
1980er Jahre
Privatbesitz

»Bewaffnetes Organ«

Der Strafvollzug in der DDR untersteht dem Ministerium des Innern. Er ist Teil des Polizeiapparates und damit sogenanntes bewaffnetes Organ. Der Dienst ist militärisch nach dem Prinzip von Befehl und Gehorsam strukturiert. Alle Angehörigen des Strafvollzugs tragen Uniform mit Rangabzeichen. In der Gesellschaft genießt der Dienst kein hohes Ansehen. Für den Strafvollzug ist es ein ständiges Problem, Personal zu rekrutieren. Viele Neuzugänge bringen eine nur geringe Schulbildung mit. Sie werden durch Lehrgänge und Volkshochschulkurse intensiv geschult. Traditionspflege und Auszeichnungen haben eine wichtige Funktion, um den Zusammenhalt der Bediensteten zu stärken. Bautzen II erhält 1983 als »Arbeitskollektiv« das prestigeträchtige »Ehrenzeichen der Deutschen Volkspolizei«.

Ehrenzeichen der Deutschen Volkspolizei, 1983
Die Medaille wird für »hervorragende Leistungen beim umfassenden Aufbau des Sozialismus und der Festigung der Arbeiter-und-Bauern-Macht, für Tapferkeit und selbstlosen Einsatz zum Schutz der DDR und für hervorragende Leistungen zur Stärkung der bewaffneten Organe des Ministeriums des Innern« verliehen.

Gedenkstätte Bautzen

Uniform eines Oberleutnants des Strafvollzugs der DDR, 1967 bis 1990
Der Strafvollzug erhält 1967 eigene, blaue Uniformen.

Gedenkstätte Bautzen

Feindbild

Der Umgang zwischen Strafvollzugsbediensteten und Gefangenen beschränkt sich im Alltag auf Anweisungen, die zumeist in einer militärischen Kommandosprache gegeben werden. Persönliche Gespräche, die es trotz aller Verbote auch gibt, werden auf den Dienstberatungen als »Versöhnlertum« oder »Schwatzhaftigkeit« gebrandmarkt. Die Gefängnisleitung weist immer wieder auf die »Feindlichkeit« und die »Gefährlichkeit« der Gefangenen hin. Politische Gefangene sind als Feinde zu behandeln, weil sie die Gesellschaftsordnung der DDR kritisieren. Dennoch fällt es der Leitung schwer, das Feindbild zu vermitteln. Viele »Politische« entsprechen nicht dem herkömmlichen Bild eines Strafgefangenen. Sie kommen aus gesellschaftlich anerkannten Lebensbereichen und sind gebildet. Trotzdem hält ein Teil der Bediensteten aus Überzeugung am verordneten Feindbild fest. Andere geben diese Distanz auf und lassen sich auf persönliche Kontakte ein. Von der Gefängnisleitung wird das mit Disziplinarstrafen, Versetzung nach Bautzen I oder gar Entlassung bestraft.

Radio, 1970
Der Wachtmeister Günther Poimann führt entgegen der Vorschrift persönliche Gespräche mit dem Gefangenen Hossein Yazdi. Yazdi nutzt die Wünsche des 25-jährigen für einen außergewöhnlichen Tauschhandel. Poimann schmuggelt Briefe aus dem Gefängnis und erhält dafür über Yazdis Bruder in der BRD Konsumartikel aus dem Westen. Poimann schleust sogar das Radio ein, mit dem Yazdi nachts den westdeutschen Deutschlandfunk hört. Für zehn Monate ist seine Isolation in Bautzen II durchbrochen. Im August 1975 verrät ein Kollege Poimann an die Staatssicherheit. Ihm wird sofort gekündigt.

Schenkung Hossein Yazdi

Misshandlungen

Schläge und willkürliche Fesselungen mit Handschellen sind im Strafvollzug der DDR weit verbreitet. Durch das Strafvollzugsgesetz sind derartige Misshandlungen eindeutig verboten und sollen Disziplinarmaßnahmen zur Folge haben. Vor strafrechtlicher Verfolgung aber sind die Bediensteten sicher. Aus Prestigegründen verhindert die SED-Diktatur öffentliche Strafprozesse. Anfragen, Berichte und Proteste internationaler Menschenrechtsorganisationen weist die DDR-Regierung als »Störmanöver von Feindorganisationen« ab. Nur die Gefangenen, die nach ihrer Entlassung die DDR verlassen, können die schlechte Behandlung in der Haft anprangern. Misshandlungen im DDR-Strafvollzug registriert in der Bundesrepublik seit 1961 die »Zentrale Erfassungsstelle Salzgitter«. Da jedoch die Namen der Täter zumeist nicht ermittelt werden können, folgen bis zur Wiedervereinigung daraus keine strafrechtlichen Konsequenzen. Im September 1994 aber verurteilt das Landgericht Bautzen den Stationsleiter »Bobby« wegen mehrfacher Körperverletzung im Amt zu zwei Jahren Haft auf Bewährung.

Aktendeckel der Zentralen Erfassungsstelle Salzgitter, 1980er Jahre
Die Zentrale Erfassungsstelle legt für jede angezeigte Misshandlung in Gefängnissen der DDR eine Akte an. Alle Aussagen und Hinweise zu einem konkreten Fall werden darin gebündelt.

Schenkung Generalstaatsanwaltschaft Braunschweig

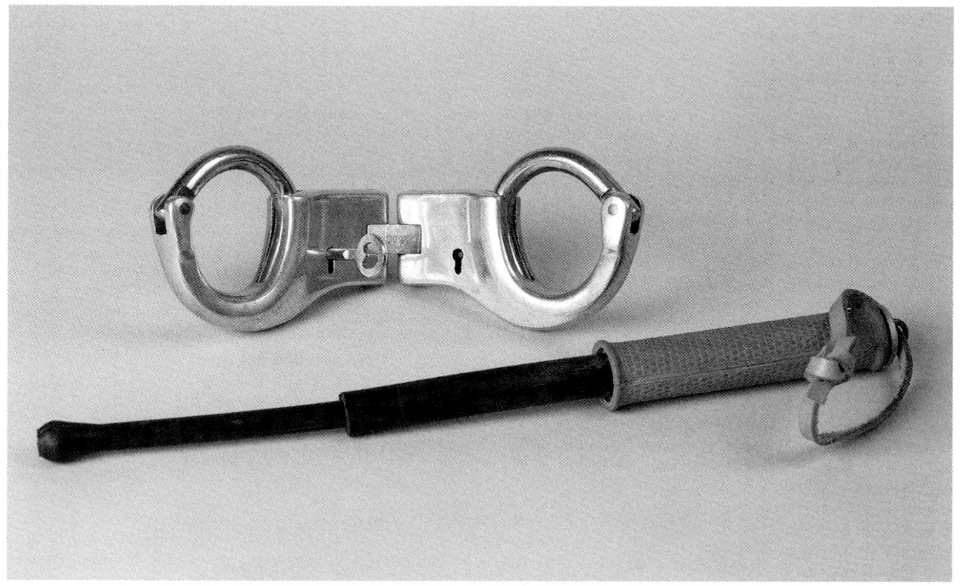

Handfesseln und Schlagstock, 1980er Jahre
Die Fesselung von Gefangenen ist laut Strafvollzugsgesetz erlaubt, um eine Flucht oder Gewalttätigkeiten eines Gefangenen zu verhindern. Bedienstete im Strafvollzug der DDR sind mit einem Schlagstock zur Selbstverteidigung und zum Brechen von Widerstand bewaffnet. Sein Einsatz muss gemeldet werden. Schlagstock und Handschellen werden häufig willkürlich angewendet. Kontrolle und Meldungen darüber gibt es entgegen der Vorschrift nicht.

Gedenkstätte Bautzen

BV Dresden
Abteilung VII

Bautzen, den 24. 10. 1985

BStU
000190

A b s c h r i f t

Informatiion:

In letzter Zeit wurde von den Gen. der III. Dienstschicht 2x der Schlagstock in Anwendung gebracht. Wie sich herausstellte, war dafür kein Grund vorhanden. Von Seiten des Hptm. Schilling mußten die Meldungen mehrmals neu erstellt werden.
DH in der III. Dienstschicht ist Omstr. d. SV Pexa.

gez. "Manfred"

Spitzelbericht über Misshandlungen, 1985
IM »Manfred« Horst Klinner berichtet der Stasi von Gewaltanwendungen gegenüber Häftlingen in Bautzen II.

BStU

000073

BV Dresden
Abt. VII/2

Bautzen, 26. 04. 1976

BStU
000072

Abschrift IM-Bericht

Einschätzung des Gen. C h[geschwärzt] 28. 3. 76

Ch. ist ein der Partei und Regierung treu ergebener Gen., der im Wohngebiet in verschiedenen gesellschaftlichen Funktionen wie Angeh. der FFW und Gemeindevertreter, sehr aktiv mitarbeitet.
In der Dienststelle ist Ch. als ein hilfsbereiter Gen. bekannt und der großes Vertrauen bei allen Gen. hat.
Er zeigt eine hohe Einsatzbereitschaft, insbesondere wenn es gilt, Schwerpunkte abzufangen und Transporte durchzuführen. Andererseits zeigen sich Schwächen im Beherrschen seiner Aufgaben als Erzieher. Sie treten deutlich zutage im Schriftverkehr, im Fertigen von Beurteilungen und anderen analytischen Tätigkeiten und in der Termintreue.
Ch[geschwärzt] ist ein ausgezeichneter op. Mann, der Tag und Nacht Einsätze fahren kann, aber wenn es um Schreibarbeiten geht, sich dann drückt, wo er kann. Das ist auch eine Ursache mit, daß von ihm nur Berichte kommen, wenn man ihn dazu zwingt.
Gen. Ch[geschwärzt] erfährt vieles von Gen. ~~im~~ und Kollektiven, hüllt sich dennoch in Schweigen. Erst dann, wenn er merkt, daß wir darüber auch Kenntnis haben und ihn auffordern, darüber Aussagen zu treffen, dann gibt er Informationen, die trotzdem noch sparsam sind. Mit kurzen Worten, er sagt nicht alles, was er weiß. Kritikwürdigen Erscheinungen geht er aus dem Wege, weil er bei den Gen. nicht "anecken" will.
Es gibt auch solche Erscheinungen, daß Ch[geschwärzt] bei Auseinandersetzungen in Parteiveranstaltungen nicht immer die klassenmäßige Haltung einnimmt. Dazu ein Beispiel:
Die Wiederholung des Parteiverfahrens gegen den Gen. [geschwärzt] hatte zum Ziel, aus der ausgesprochenen Erziehungsmaßnahme "Verwarnung" eine Parteistrafe "Rüge" umzuwandeln. Anstatt mitzuhelfen, den Gen. [geschwärzt] von der Umwandlung der Strafe zu überzeugen, monierte er gegen die von der PKK der SED-Kreisleitung getroffenen Entscheidung. In letzter Zeit sind uns mehrere solche unklassenmäßige Haltungen des Ch. aufgefallen.
Die Zusammenarbeit mit mir hat nachgelassen. Er findet oft Ausreden wie "ich weiß nichts, was ich dir berichten soll", "den Auftrag konnte ich nicht erfüllen, da ich noch nicht dazu gekommen bin" oder er noch keine Gelegenheit hatte usw. Er verspricht jedesmal "aber morgen bekommst du den Bericht".

gez. " Hirsch "

Spitzelbericht für die Staatssicherheit, 1976
Der stellvertretende Leiter in Bautzen II, Willy Römer, berichtet über einen Offizierskollegen.

BStU

Am 14.08.79 in Beratung der Ltg der StVE vorgetragen u. von allen anwesenden Gen. zugestimmt.

Vertrauliche Dienstsache				
Dienstst.-Bereich	Lfd.-Nr.	Jahr	Ausf.	Blatt
I	176	79	1.	gü. Ko 10 / 10 / 1-A

StVE II Bautzen
- Stellv. Op. -

Bautzen, d. 13. 08. 79

Bestätigt: [Unterschrift] Hpt. d. VV
Leiter d. StVE II

Einschätzung des polit - moralischen Zustandes der Dienststelle

Probleme treten bei einzelnen Gen. des Bereiches ÖH/VD im Verhalten gegenüber SG auf. So wird über Probleme von SV-Angehörigen und persönliche Fragen mit SG gesprochen. Das hat nichts mit revolutionärer Wachsamkeit und Geheimhaltung zu tun, sondern ist als Schwatzhaftigkeit und Verstoß gegen die Prinzipien im Umgang mit SG zu werten. Durch den Dienstvorgesetzten ist nachdrücklich einzuwirken, daß die Gen. ihr Verhalten so einrichten wie es die einschlägigen Weisungen von uns fordern.
Im Zeitraum II. Halbjahr 78 und I. Halbjahr 79 hatte 1 Angehörige unserer Dienststelle Westkontakt.* Der Kontakt wurde ordnungsgemäß gemeldet an den Vorgesetzten und die Maßnahmen entsprechend den dafür geltenden Weisungen eingeleitet.

* sowie durch Familienangeh. von 3 Gen. Anträge auf Ein- bzw. Ausreisen. Diese Fam.-angeh. wohnen jedoch nicht im Haushalt der Gen. u. die Gen. hatten teilweise keine Ahnung von diesen Anträgen

VD-Nr. I/176/79/1. Bl. 10

10

Es kann eingeschätzt werden, daß sich die Gen. bei den Kontakten klassenmäßig verhalten haben und nur auf die unbedingt notwendige Zeit beschränkten.
Aus der allgemeinen politischen Lage wird erkennbar, daß von Seiten der Gegner verstärkt Kontakte zu Angeh. der bewaffneten Organe gesucht wird. Auf diese Situation sind die Angehörigen unserer Dienststelle einzustimmen und dieser Sachverhalt ist in der polit-ideologischen Erziehungsarbeit durch die Vorgesetzten zu beachten.

Offizieller Bericht des stellvertretenden Leiters von Bautzen II, 1979, Auszug

Gedenkstätte Bautzen

Haftalltag

Der Haftalltag ist geprägt von Reglementierungen und ständiger Kontrolle. Bespitzelung und das Abhören von Gesprächen gehören neben Postzensur und kontrollierten Besuchsterminen zu den ständigen Überwachungsmaßnahmen. Aus übersteigertem Sicherheitsdenken ignoriert der Strafvollzug jegliche Privatsphäre der Gefangenen. Der Tagesablauf ist streng reguliert. Häftlinge werden in einzelnen Gruppen voneinander abgeschottet. Viele Inhaftierte sind jahrelang in Einzelisolation. Immer wieder beklagen Häftlinge die minderwertige Ernährung und die schlechten sanitären Verhältnisse. Zur Steigerung ihres Ansehens im westlichen Ausland bemüht sich die DDR ab Mitte der siebziger Jahre um eine schrittweise Verbesserung der Haftbedingungen. Die Heizung wird modernisiert, die Zellen erhalten Waschbecken und WC. Insbesondere im Ausländerstrafvollzug verfügt Bautzen II in den achtziger Jahren über materiell bessere Haftbedingungen als alle anderen DDR-Gefängnisse.

Zählappell Ende der sechziger Jahre
Interview Günter Heinrich, Bautzen II von 1966 bis 1969
Gedenkstätte Bautzen II, 1997, Auszug

»Das ging mit einem mordsmäßigen Getöse vor sich. Vorne weg ging einer, der haute die oberen und unteren Riegel auf, dass es donnerte. Dann kam einer, der hatte diese drei oder vier Schlüssel. Das war der von der Nachtschicht, der kam zuerst, die liefen eigentlich nebeneinander, der schloss auf, zog seinen Schlüssel wieder ab. Der Häftling stand drin in der Zelle, stand unterm Fenster, hatte sich zu melden mit Namen. Das ist erst eingeführt worden im August '66 oder '65, bis dahin hatten die Häftlinge Nummern.«

Arbeitsalltag in Bautzen II
Interview Andreas Herzog, Bautzen II von 1979 bis 1983
Gedenkstätte Bautzen, 2005, Auszug

»Ich habe hier so ziemlich alle Arbeiten durchlaufen, die man in Bautzen machen konnte. Also ich war sowohl in einem ganz normalen DDR-Kommando, die die Relaisschütze gebaut haben. Ich war auch im Lager als Transportarbeiter und Lagerist, damit waren schon wiederum gewisse Privilegien verbunden. Und dann war ich auch zwei Winter im Heizungskeller.«

Gegenseitige Zellenbesuche ab 1976
Interview Wilfried Meyer, Bautzen II von 1974 bis 1976,
Gedenkstätte Bautzen, 2001, Auszug

»Wir hatten also eigentlich immer verschlossene Türen. Immer. Aber 1976, kann ich mich daran erinnern, dass wir mal Sonntagnachmittag, um die Kaffeezeit, da konnte man auch mal in eine andere Zelle gehen und quatschen. Das fing dann damals erst an. Und nachher musste man wieder in seine Zelle. Dann hieß es auch wieder Einlauf oder Eingang oder ach, was weiß ich, was der da rumgebrüllt hatte und da musste man wieder in seine Zelle gehen. Das war immer so für zwei Stunden. Das habe ich aber nur ein- oder zweimal mitgemacht.«

Emotionale Belastung in der Haft
Interview Hermann Reisch, Bautzen II von 1985 bis 1987,
Gedenkstätte Bautzen, 2000, Auszug

»Ich bin überzeugt, dass wenn einer hier drin sitzt, wenn er hier mal ist, kann er nicht sagen, dass er hier drin nie so einen Durchhänger gehabt hat, dass er nicht aufgeben wollte oder dass er nicht geheult hat, dass er nicht zusammengebrochen ist für sich selber. Wenn man ehrlich ist, hat das jeder mitgemacht, jeder.«

Abschottung und Isolierung

Ausländische Gefangene und DDR-Bürger werden während der Haft in sogenannten Kommandos voneinander getrennt. Ausländer, zu denen auch die Westdeutschen gezählt werden, sollen nicht in Kontakt zu Ostdeutschen kommen. Ebenso werden Männer und Frauen voneinander abgeschirmt. Zeitweise werden Kommandos nach Delikten wie Spionage und Fluchthilfe zusammengefasst. Ehemalige MfS-Angehörige bilden grundsätzlich immer eigene Kommandos. Für bestimmte Häftlinge ordnet die Staatssicherheit strenge Einzelhaft an. Die Isolierung erstreckt sich dabei auf den gesamten Vollzug – von der Unterbringung in einer Einzelzelle, der gesonderten Zuweisung von Arbeit bis hin zum »Aufenthalt im Freien« in Einzelhöfen.

Häftlinge im Freihof,
im Hintergrund Verwaltungsbau, 1980er Jahre

Privatbesitz

110
109

Hauptabteilung IX
AG Koordinierung

Berlin, den 22.3.1979
4 Expl.

BStU
000113

Sicherungskonzeption

zur weiteren Strafvollzugsdurchführung des Strafgefangenen B a h r o in der StVE Bautzen II

Gleichlaufend mit der Weiterführung der operativen Aufklärungsarbeit zur Aufdeckung der von Bahro genutzten Möglichkeiten und Verbindungen zur Beförderung von Kassiber innerhalb der StVE Bautzen II und ihre Weiterleitung durch Personen außerhalb der StVE, machen sich außer den bereits generell für die Erhöhung der Sicherheit und Ordnung der Einrichtung eingeleiteten und durchgeführten Maßnahmen spezielle Sicherungsvorkehrungen in der weiteren Vollzugsdurchführung des Strafgefangenen Bahro erforderlich, um unkontrollierbare Möglichkeiten der Verbindung nach außen und innerhalb der Einrichtung von vornherein weitestgehend auszuschließen.
Vorgeschlagen wird, den Strafgefangenen Bahro zusammen mit vier ausgewählten Strafgefangenen in einem gesondert einzurichtenden Sicherungsbereich unterzubringen. Der Sicherungsbereich soll in der untersten Etage des Westflügels der StVE unter dem bereits darüber befindlichen Sicherungsbereich eingerichtet werden. Die dazu erforderlichen Bau- und Renovierungsarbeiten werden bis zum 1.4.1979 abgeschlossen.
Der Sicherungsbereich umfaßt 5 Einmannverwahrräume, ein Bad sowie einen Aufenthaltsraum zur gemeinsamen Einnahme von Mahlzeiten und zur kulturellen Selbstbetätigung. Die im Sicherungsbereich unterzubringenden Strafgefangenen bilden ein gesondertes Arbeitskommando. Sie verrichten ihre produktive Tätigkeit an den auf den Gang vor den Verwahrräumen einzurichtenden Arbeitsplätzen.
Die Betreuung der Strafgefangenen im Sicherungsbereich erfolgt ausschließlich durch Angehörige des Strafvollzuges.

Sicherungskonzeption der Staatssicherheit, 1979
Das MfS richtet in Bautzen II für den prominenten Häftling Rudolf Bahro einen gesonderten Isolationstrakt ein.

BStU

Schikanöse Regeln

Die Häftlinge müssen eine Vielzahl von Verhaltensregeln einhalten. Alle Verrichtungen des Tages erfolgen zu festgesetzten Zeiten. Die Hausordnung regelt jedes Detail des Tagesablaufs. Dazu gehören Meldevorschriften und Kontaktregeln gegenüber Mithäftlingen und dem Personal. Anweisungen der Strafvollzugsbediensteten erfolgen in einer militärischen Kommandosprache. Die Häftlinge haben in vorgeschriebener Weise zu antworten. Das eigenmächtige Ablegen einzelner Kleidungsstücke ist nicht erlaubt. Nachts müssen die Gefangenen mit dem Gesicht zur Zellentür und den Händen auf der Decke schlafen.

Erst Mitte der siebziger Jahre werden die Vorschriften geringfügig gelockert. Das Laufen der Arbeitskommandos im Gleichschritt entfällt. Auch den Hofgang können die Häftlinge individueller ausgestalten, die Freizeitbeschäftigungen werden vielfältiger. Gegenseitige Besuche von Häftlingen innerhalb der Kommandos, der sogenannte Umschluss, sind möglich.

Nummern statt Namen

In der Haft werden die Gefangenen ihrer Identität beraubt. Persönlicher Besitz ist ihnen nicht gestattet. Sie müssen mit gelben Streifen markierte Häftlingsuniformen tragen. In Bautzen II dürfen sich die Gefangenen bis 1965 nur mit ihren Häftlingsnummern melden. Von den Bediensteten werden sie ebenfalls nur mit diesen Nummern angesprochen. Vom Strafvollzugspersonal erfahren die Häftlinge bis 1989 lediglich den Dienstgrad. Die Namen ihrer Bewacher bleiben ihnen zumeist unbekannt. Die Gefangenen geben den Bediensteten Spitznamen. Sie beschreiben neben äußerlichen Merkmalen oftmals auch das Verhalten der Bediensteten gegenüber den Häftlingen, so z. B. »Schiefmaul«, »Kanonenstiefel«, »Latschenpaul« oder »Schlummerauge«.

»Ich war nur der ›Strafgefangene Nummer 4/58‹. Wurde die Tür geöffnet, hatte ich in Habacht zu stehen und zu melden: ›Zelle 4, belegt mit einem Strafgefangenen, es meldet Strafgefangener 4 Strich 58.‹ Beim Abgang zur Freistunde hatte ich mich abzumelden und nachher wieder anzumelden. Jeden Posten unterwegs hatte ich zu grüßen und mich mit ebensolchen Worten zu melden. Entwürdigende Vorschriften eines preußisch-militärischen Strafvollzugs, gemischt mit den üblen Praktiken der sowjetischen Zuchthausordnung, eine wahrlich widerliche Symbiose.«

Gustav Just, Bautzen II von 1958 bis 1960
Autobiografie »Zeuge in eigener Sache«, 1990

Kontrolle und Überwachung

Kontrollen gehören für die Gefangenen zum Haftalltag. Leibeskontrollen und Durchsuchungen der Zellen sollen verhindern, dass Häftlinge nicht genehmigte Gegenstände wie Zeitschriften oder Fotos bei sich haben. Mit den Kontrollen demonstrieren die Bediensteten aber auch ihre Allmacht. Einigen bieten sie eine willkommene Möglichkeit, Häftlinge zu schikanieren. Daneben gibt es auch die heimliche Überwachung durch Horchkontrollen. Unter Missachtung jeglicher Privatsphäre werden Häftlinge abgehört. Ab 1986 setzt das Strafvollzugspersonal einen »Elektronischen Schallverstärker« ein, mit dem durch die geschlossene Zellentür Gespräche der Häftlinge belauscht werden. Der Staatssicherheit reicht das nicht. Zusätzlich horcht sie die Strafgefangenen durch ein dichtes Netz von Zellenspitzeln aus. Außerdem baut die Stasi in einigen Zellen noch Abhörtechnik (Wanzen) zur gezielten Überwachung einzelner Häftlinge ein.

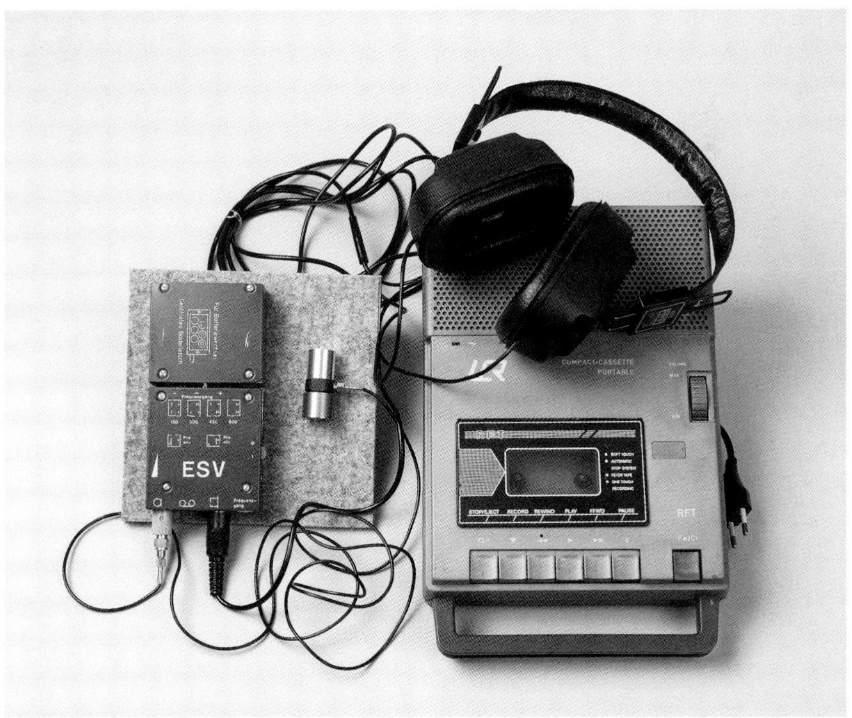

Elektronischer Schallverstärker, 1986
Mit dem Gerät können Gespräche der Häftlinge durch Zellentüren oder über Heizungsrohre abgehört werden. An den Verstärker werden wahlweise Kopfhörer oder Kassettenrekorder angeschlossen.

Schenkung Strafvollzugsmuseum Waldheim

MINISTERRAT
DER DEUTSCHEN DEMOKRATISCHEN REPUBLIK
MINISTERIUM DES INNERN
Leiter der Verwaltung Strafvollzug

STVE - [illegible]. II
am 23. JUNI 1986
Posteingang Nr. 257

Postanschrift: Ministerium des Innern · 1086 Berlin · Mauerstraße 34–38

Leiter der StVE, JH, UHA
Leiter der SV-Schule "August Mayer" (z. Kts.)
Leiter der Abt. SV der BDVP (z. Kts.)

18. Juni 1986

Ihre Zeichen	Ihre Nachricht vom	Fernsprecher	Unsere Zeichen	Datum
		2 22	kö-md	1613/86

Betreff:
Einsatz des "Elektronischen Schallverstärkers"

Zur weiteren Erhöhung der Sicherheit in den Einrichtungen des Organs Strafvollzug sowie für eine effektive Durchführung der Kontrollen erfolgt im Jahr 1986 die systematische Ausstattung der SV-Einrichtungen mit elektronischen Schallverstärkern. Dementsprechend erhalten Sie als Anlage ein Exemplar der "Richtlinie für den Einsatz des 'Elektronischen Schallverstärkers'". Die Festlegungen dieser Richtlinie sind abstrichlos zu verwirklichen bzw. durchzusetzen.
Die Nutzer dieser Technik sind zielgerichtet auf den Einsatz dieser Technik einzustellen und umfassend über die Festlegungen der o. g. Richtlinie sowie die Bedienung der Technik zu belehren. Die Übergabe/Übernahme der Geräte hat gegen Quittung zu erfolgen, so daß jederzeit eine Übersicht vorhanden ist, wo sich die Geräte befinden.

Die Reihenfolge der Ausstattung der Dienststellen wird durch die Verwaltung Strafvollzug gesondert festgelegt.

Einer endgültigen Klärung bedürfen noch die Instandsetzung dieser Technik sowie die Produktion der Tragetaschen. Dazu erhalten Sie zu gegebener Zeit weitere Informationen.

Lustik
Generalmajor

Anlagen
VD VSV Op. 39/86
Bedienungsanleitung

Fernsprechauskunft: 2 22 0

Bankverbindung: Staatsbank der DDR, Konto-Nr. 6666-13-100034

Rundschreiben der Verwaltung Strafvollzug, 1986
Die Einführung von Abhörgeräten wird zentral vom Leiter der Verwaltung Strafvollzug angewiesen.

SHStA Dresden

Seelsorge

In Bautzen II findet bis 1978 kein Gottesdienst und keine seelsorgerische Einzelbetreuung von Häftlingen statt. Das steht im krassen Widerspruch zu den Bestimmungen des DDR-Strafvollzugs. Einzige Ausnahme ist 1963 der einmalige Besuch eines Paters bei Georg Dertinger, dem ersten Außenminister der DDR, der in der Haft zum Katholizismus übertritt.

Erst im Zuge der Annäherung zwischen den Evangelischen Kirchen in der DDR und der SED betreut ab Ende 1978 der evangelische Gefängnispfarrer Eckart Giebeler die Häftlinge in Bautzen II. Giebeler ist seit 1949 als Seelsorger in verschiedenen DDR-Gefängnissen tätig. Er ist Angestellter der Volkspolizei. Seit 1959 spitzelt Giebeler als Inoffizieller Mitarbeiter für die Staatssicherheit. Er berichtet der Stasi über seine wöchentlichen Gottesdienste und die Inhalte vertraulicher Gespräche mit den Gefangenen in Bautzen II. Viele Häftlinge ahnen seine Spitzeltätigkeit und misstrauen ihm.

146

Abteilung VII

Potsdam, den 09.05.1985

BStU 000143

Bestätigt:

Leiter der Bezirksverwaltung

i.A. Schickart
Generalmajor

V o r s c h l a g

zur Auszeichnung mit der "Verdienstmedaille der DDR"

Es wird vorgeschlagen, den IMB "Roland", Reg.-Nr. 3471/60

Giebeler, Eckart
geb. am: 13.10.1925 Bln.
wohnhaft:

anläßlich seines 60. Geburtstages mit der Verdienstmedaille der DDR auszuzeichnen.

Begründung:

Der IMB "Roland" arbeitet seit 29.05.1959 als inoffizieller Mitarbeiter für das Ministerium für Staatssicherheit.
Während seiner langjährigen Tätigkeit als IM wurden durch ihn umfangreiche operativ-bedeutsame Informationen, insbesondere auf dem Gebiet des Strafvollzuges der DDR und der Kirche erarbeitet. Die erarbeiteten Informationen trugen sowohl zur Anlage als auch zum positiven Abschluß operativer Materialien bei.
Der IMB erfüllt übertragene Aufgaben mit hoher Einsatzbereitschaft, Eigeninitiative, Umsicht und hielt sich stets an die Regeln der Konspiration. Beim IMB "Roland" handelt es sich um einen bewährten, ehrlichen und zuverlässigen inoffiziellen Mitarbeiter.

Leiter der Abteilung

Thoß
Oberstleutnant

Die Spitzeldienste von Pfarrer Giebeler werden vom MfS gewürdigt, 1985

BStU

Arbeitsraum Keller,
1980er Jahre

Privatbesitz

Tagesablauf

Tagesablauf: - Sommerhalbjahr -

	04.30 - 06.00	Uhr	Sacheneinschluß, Krankmeldungen, Kübeln, Waschen, Lüften u.Reinigen der Unterkünfte, Frühstück.
	06.10 - 06.40	"	Zählappell
	06.45	"	Ausrücken zum Arbeitsplatz
	10.30 - 13.30	"	Mittagessen
ab	16.30 - 17.30	"	Einrücken der Arbeitskommandos
	16.30 - 18.00	"	Abendessen
	18.10 - 18.40	"	Zählung
	18.40 - 19.40	"	Putz- u.Flickstunde oder Freizeitgestaltung
ab	19.45	"	Bekleidungsablage
	20.00	"	Nachtruhe
	08.00 - 17.30	"	Freistunde entsprechend der speziellen Einteilung.

Ambulanzzeiten richten sich nach dem Ambulanzplan.

- Winterhalbjahr -

18.40 - 19.10	Uhr	Putz- und Flickstunde oder Freizeitgestaltung
19.30	"	Nachtruhe

Alle anderen Zeiten bleiben wie im Sommerhalbjahr.

Hausordnung, 1957, Auszug

Gedenkstätte Bautzen

Meldung

3. Tagesgruß und Meldungen

3.1. Den Strafvollzugsangehörigen und anderen mit der Erziehung und Beaufsichtigung beauftragten Personen ist der Tagesgruß zu entbieten.

3.2. Beim Aufschluß bzw. Betreten des Verwahrraumes durch Strafvollzugsangehörige haben die Verwahrraumältesten "Achtung!" zu rufen und Meldung zu erstatten. Die anderen Strafgefangenen haben sich von den Plätzen zu erheben.

3.2.1 Meldebeispiel 1
"Guten Morgen, Herr Obermeister. Verwahrraum II/22 belegt mit Strafgefangenen Müller, keine Vorkommnisse."

3.2.2 Meldebeispiel 2
"Guten Morgen, Herr Oberleutnant, Verwahrraum IV/31 belegt mit 4 Strafgefangenen, 3 Strafgefangene anwesend, 1 Strafgefangener zum Sprecher, keine Vorkommnisse. Es meldet Verwahrraumältester Strafgefangener Naumann."
Bei Abwesenheit des Verwahrraumältesten hat der Strafgefangene zu melden, der den Strafvollzugsangehörigen als erster erblickt.

3.3. Betritt ein Vorgesetzter während des Aufenthaltes eines Strafvollzugsangehörigen den Verwahrraum, haben sich die Strafgefangenen in diesen Fällen ohne Aufforderung von ihren Sitzplätzen zu erheben.

3.4. Wird ein Verwahrraum am Tage wiederholt von demselben Strafvollzugsangehörigen betreten, entfällt die Meldung. Der Verwahrraumälteste hat in diesen Fällen nur "Achtung!" zu rufen. Bei Einzelunterbringung hat der Strafgefangene aufzustehen und zurückzutreten. (unter das Fenster)

3.5. Bei Bewegung in geordneter Form, während der Arbeit, bei Veranstaltungen und sportlichen Übungen und bei der Einnahme von Mahlzeiten erfolgt, sofern kein aufsichtsführender Strafvollzugsangehöriger anwesend ist, die Entbietung des Tagesgrußes und die Meldung durch die Brigadiere bzw. beauftragten Strafgefangenen.

"Achtung!" ist nicht zu rufen.

3.6. Meldungen von Strafgefangenen an Strafvollzugsangehörige erfolgen ohne Veränderung der jeweiligen Antrete- oder Bewegungsform. Es wird kein Kommando gegeben und es erfolgt keine Blickwendung. Der meldende Strafgefangene verläßt die geordnete Form (auch während der Bewegung), meldet und geht sofort zurück. Diese Meldung entfällt, wenn die Strafgefangenen durch einen Strafvollzugsangehörigen beaufsichtigt werden.

3.7. Beim Betreten von Diensträumen der Strafvollzugseinrichtung haben sich Strafgefangene mit Namen, ihrem Auftrag oder ihrem Anliegen zu melden.

3.7.1. Meldebeispiel 3
"Herr Leutnant, Strafgefangener Müller meldet sich zum persönlichen Gespräch."

Hausordnung, 1987, Auszug

Gedenkstätte Bautzen

Kontrollen in StVE/JH/UHA

Im Interesse der Sicherheit, **Ordnung und Disziplin* in den StVE/JH/UHA sind ständige K. erforderlich, die angeordnet oder in eigener Verantwortung der SV-Angeh. durchzuführen sind. Insbesondere:

— *Gitterkontrollen*
(Abklopfen der Fenstervergitterung der Verwahr- und sonstigen Räume in den StVE/JH/UHA mit der Hauptblickrichtung, Entweichungen SG/VH vorzubeugen.)

— *Horchkontrollen*
(Vorwiegend zur Nachtzeit vorzunehmende K. zur Verhinderung **besonderer Vorkommnisse.)*

— *Kontrolle der SG*
(Die Kontrolle der SG hat grundsätzlich durch Personen gleichen Geschlechts zu erfolgen. Eine Abweichung von diesem Grundsatz ist nur zulässig, wenn das im Interesse der Erziehung oder der speziellen Betreuung SG sowie aus Gründen der Sicherheit notwendig ist und durch entspr. festgelegte Maßnahmen die Sicherheit und Ordnung allseitig gewährleistet wird. Die Entscheidung darüber treffen die Leiter der StVE/JH. —

Erfolgt der Vollzug der **Strafen mit FE* in nicht ständig verschlossenen oder nicht verschlossenen Verwahrräumen, sind außerhalb derselben befindliche SG plan- und schwerpunktmäßig durch SV-Angeh. zu kontrollieren.)

— *Lichtkontrollen*
(Nächtliche K. unter Benutzung der **Sichtkontrolleinrichtung* bei verschlossenen Verwahrraumtüren zur Feststellung der Vollständigkeit der Anwesenheit SG/VH sowie zur Vorbeugung besonderer Vorkommnisse.)

— *Verwahrraumkontrollen*
(Wesentliche Zielstellung: Auffinden unerlaubter Gegenstände, Materialien und Mittel, um besondere Vorkommnisse zu vermeiden.)

Handbuch für Strafvollzugsangehörige »Schlag nach«, 1980, Auszug

Schenkung JVA Bautzen

Entlassung

Die meisten Häftlinge werden vor dem regulären Ende ihrer Haftstrafe aus Bautzen II entlassen. Begnadigungsaktionen sind ein häufig eingesetztes Instrument der Justizpolitik der DDR. Politische Gefangene können ab 1963 von der Bundesrepublik freigekauft werden. Eine weitere Sonderform der Entlassung gibt es für Spione, von denen zahlreiche in Bautzen II inhaftiert sind. Ost- und West-Geheimdienste tauschen ihre von der gegnerischen Seite inhaftierten Agenten gegeneinander aus. Einige Häftlinge bleiben vom Freikauf oder Austausch ausgeschlossen und werden in die DDR entlassen, zum Teil auch gegen ihren Willen. Viele Entlassene stehen sowohl in der DDR als auch in der Bundesrepublik weiter unter der Überwachung durch die Staatssicherheit.

Rückansicht von Bautzen II, 1990

Gedenkstätte Bautzen

Beschluß

über eine Amnestie aus Anlaß des 23. Jahrestages der Gründung der Deutschen Demokratischen Republik

Bei der Gestaltung der entwickelten sozialistischen Gesellschaft wurden bedeutende Fortschritte erzielt. Die Arbeiterklasse und alle Werktätigen der Deutschen Demokratischen Republik vollbringen hohe Leistungen, um die Sache des Sozialismus und des Friedens zu stärken und das Leben des Volkes ständig zu verbessern. Durch ihre Anstrengungen ist die Deutsche Demokratische Republik als sozialistischer Staat der Arbeiter und Bauern weiter gefestigt worden. In den Taten für die Republik, im gemeinsamen Handeln für die Erfüllung der vom VIII. Parteitag der SED gestellten Ziele findet das wachsende Bewußtsein der Werktätigen, die zunehmende politisch-moralische Einheit des Volkes sichtbaren Ausdruck. Durch die gemeinsame Arbeit des Volkes unter Führung der Arbeiterklasse und ihrer Partei leistet die Deutsche Demokratische Republik erfolgreich ihren Beitrag zur Stärkung der sozialistischen Staatengemeinschaft. Unser sozialistischer Staat, der konsequent die Politik des Friedens, der Sicherheit und der Entspannung verfolgt, hat in aller Welt weiter an Autorität und Ansehen gewonnen.

Dank dieser erfolgreichen Entwicklung unserer sozialistischen Gesellschaft hat auf Vorschlag des Zentralkomitees der Sozialistischen Einheitspartei Deutschlands und des Ministerrates der Deutschen Demokratischen Republik der Staatsrat der DDR beschlossen, aus Anlaß des 23. Jahrestages der Gründung der Deutschen Demokratischen Republik eine umfassende Amnestie für politische und kriminelle Straftäter zu erlassen.

Bürgern der DDR, die durch die Amnestie Straffreiheit erhalten, ist die Möglichkeit gegeben, durch ehrliche Arbeit und Achtung der Gesetze zu beweisen, daß sie gewillt sind, sich in die Gesellschaft einzufügen und in Zukunft ihren Pflichten und ihrer Verantwortung als Bürger des sozialistischen Staates nachzukommen.

Bürgern anderer Staaten sowie staatenlosen Bürgern wird auf Ersuchen die Ausreise aus der DDR gestattet.

Der Staatsrat der Deutschen Demokratischen Republik beschließt:

1. Die Amnestie erstreckt sich auf Personen, die vor dem 7. Oktober 1972 zu Strafen mit oder ohne Freiheitsentzug verurteilt worden sind.

Die zu Freiheitsentzug verurteilten Personen sind aus dem Strafvollzug zu entlassen. Strafen sind nicht zu vollstrecken, wenn der Vollzug noch nicht eingeleitet wurde.

Eingeleitete Strafverfahren, bei denen die Ermittlung bis zum 7. Oktober 1972 abgeschlossen ist, sind einzustellen, sofern sie unter die Amnestie fallen.

Alle Strafen ohne Freiheitsentzug – Verurteilung auf Bewährung, Öffentlicher Tadel sowie Geldstrafen als Haupt- und Zusatzstrafen, soweit sie noch nicht vollstreckt sind – sind zu erlassen.

2. Die Amnestie erstreckt sich nicht auf Verurteilungen wegen:
- Mord
- Sittlichkeitsverbrechen
- Gewaltverbrechen
- Verbrechen gegen die Menschlichkeit unter dem Naziregime
- Verbrechen, die in Erfüllung völkerrechtlicher Verpflichtungen oder internationaler Abkommen verfolgt wurden.

Von der Amnestie ausgenommen sind ebenfalls Rückfalltäter, die mehrfach wegen Verbrechen mit Freiheitsentzug vorbestraft sind.

3. Verpflichtungen zum Schadensersatz werden durch die Amnestie nicht berührt.

4. Begehen Personen, deren Strafe mit Freiheitsentzug auf Grund der Amnestie nicht oder nur teilweise vollstreckt wurde, innerhalb von drei Jahren erneut eine vorsätzliche Straftat, die nach dem Gesetz mit Freiheitsentzug zu ahnden ist, ist die bisher nicht vollstreckte Strafe zu vollziehen.

5. Die Entlassungen werden zur ordnungsgemäßen Wiedereingliederung in das gesellschaftliche Leben schrittweise durchgeführt. Die Entlassungen beginnen am 1. November 1972 und sind bis zum 31. Januar 1973 abzuschließen.

6. Den entlassenen Personen ist durch die Räte der Kreise, Städte, Stadtbezirke und Gemeinden in Zusammenarbeit mit den Betrieben und Genossenschaften eine geeignete Arbeit zu vermitteln und Hilfe bei der Wiedereingliederung in das gesellschaftliche Leben zu gewähren.

7. Die Durchführung des Beschlusses obliegt dem Generalstaatsanwalt der DDR, den Leitern der zuständigen Rechtspflegeorgane und den örtlichen Räten.

Berlin, den 6. Oktober 1972

Der Staatsrat
der Deutschen Demokratischen Republik

Zeitungsbericht, 7. Oktober 1972
Die DDR gesteht das erste Mal öffentlich ein, dass in ihren Gefängnissen politische Gefangene inhaftiert sind.

Neues Deutschland

Amnestien

Bis Dezember 1989 erlässt die DDR zehn Amnestien. Sie dienen der SED-Diktatur als politisches Ventil. Sie verfolgt damit zwei Ziele: das Ansehen der DDR zu verbessern und die ständige Überbelegung in den Haftanstalten der DDR zu reduzieren. Die Amnestien werden mit wichtigen innen- und außenpolitischen Ereignissen verbunden, so 1964 und 1979 anlässlich der großen Jahrestage der DDR-Gründung, 1972 zum Machtantritt Erich Honeckers oder 1987 in Verbindung mit dem ersten Staatsbesuch Erich Honeckers in der Bundesrepublik.

Die politischen Gefangenen fallen unter die Amnestiebestimmungen, ohne dass sie gesondert benannt werden. Einzige Ausnahme ist die Begnadigungsaktion von 1972, in der ausdrücklich von »politischen und kriminellen Straftätern« die Rede ist. In Bautzen II sinkt nach den Amnestien von 1964, 1972 und 1987 die Belegung deutlich. Neben den Amnestien erlässt der Staatsrat auch in Einzelfällen Gnadenentscheide, die eine vorfristige Entlassung zur Folge haben.

Stempel für die Amnestie, 1972
Für die bürokratische Bewältigung der Massenamnestie kommt ein eigens angefertigter Stempel zum Einsatz.

Gedenkstätte Bautzen

Agentenaustausch

In Bautzen II sind viele Gefangene, die wegen ihrer Tätigkeit für westliche Geheimdienste verurteilt sind. Einige von ihnen gelangen im Rahmen von Tauschaktionen zwischen den Geheimdiensten zurück in die Freiheit. Erstmalig 1963 wechseln westliche und östliche Geheimdienste inhaftierte Agenten der gegnerischen Seite aus. Austauschaktionen laufen über Rechtsanwälte aus Ost und West, nicht über staatliche Stellen. Im Auftrag der DDR handelt der Ost-Berliner Rechtsanwalt Wolfgang Vogel mit den westlichen Stellen die Namenslisten und Konditionen sowohl für die Agententausch- als auch Freikaufaktionen aus.

Zu den bekanntesten ausgetauschten Agenten gehören die Top-Agenten der Stasi Günter und Christel Guillaume, die 1981 gegen mindestens 11 ehemals in Bautzen II inhaftierte Westagenten zurück in die DDR gelangen. Weitere 14 Häftlinge aus Bautzen sind an der Aktion am 11. Juni 1985 beteiligt, bei der 24 West- gegen 4 Ostspione ausgetauscht werden. Erstmals beobachten Fernsehteams westlicher Nachrichtensender das Geschehen. Die Glienicker Brücke in Berlin an der Nahtstelle zwischen Ost und West wird zum Symbol des Agentenauschs.

Agentenaustausch auf Glienicker Brücke, 11. Februar 1986
Wenige Monate nach der Aktion vom Juni 1985 findet erneut ein Austausch statt. Ein Bus bringt die Agenten nach West-Berlin, darunter auch wieder ehemalige Bautzen-II-Gefangene.

Ullstein Bild-AP

Freikauf

Von 1963 bis 1989 kauft die Bundesrepublik Deutschland knapp 34 000 politische Gefangene aus DDR-Haft frei. Dafür zahlt sie über 3,4 Milliarden DM an die DDR, die in Form von Waren- und Rohstofflieferungen verrechnet werden. Das stärkt die Wirtschaft der DDR. Politische Gefangene werden für die SED-Diktatur zu einem lukrativen Geschäft. Fluchtwillige DDR-Bürger kalkulieren den Freikauf ein und hoffen bei ihrer Inhaftierung darauf, auf diesem Weg bald in den Westen zu gelangen. In der Bundesrepublik wird der Freikauf zwiespältig beurteilt. Einerseits verhilft er politisch Verfolgten in die Freiheit. Andererseits stabilisiert die Bundesregierung mit ihrem Geld die DDR. Einzelheiten zum Freikauf sind bis heute ein Tabu. Unterlagen der beteiligten ost- wie westdeutschen Institutionen sind nicht zugänglich. Die Akteure sind zum Schweigen verpflichtet.

Genaue Angaben über die Zahl der aus Bautzen II freigekauften Häftlinge sind derzeit nicht möglich. Im Haftbuch von Bautzen II lassen sich lediglich immer wieder gehäuft Verlegungen in die MfS-Untersuchungshaftanstalt Karl-Marx-Stadt nachweisen. Von dort aus gehen die Sammeltransporte mit den Freigekauften in den Westen. Formal setzt die DDR die verbleibenden Freiheitsstrafen zur Bewährung aus. DDR-Bürger werden offiziell aus der Staatsbürgerschaft entlassen.

Terminentlassung

Terminentlassungen sind reguläre Entlassungen zum Ende der Haftstrafe. Die Gefangenen kehren zumeist an ihren Heimatort zurück und erhalten einen Arbeitsplatz zugewiesen. Bis zum Mauerbau 1961 fliehen viele DDR-Bürger nach ihrer Entlassung über die noch durchlässige Grenze in den Westen. Danach müssen sie einen offiziellen Ausreiseantrag stellen, um in die Bundesrepublik zu gelangen. Nur selten wird der Antrag genehmigt. Frühere Angehörige der Staatssicherheit und des Militärs sowie ehemalige Staats-, Wirtschafts- und Parteifunktionäre werden als Geheimnisträger ausschließlich in die DDR entlassen. Selbst Familienangehörige von Geheimnisträgern fallen unter das Ausreiseverbot.

Entlassungsschein

Name PERSICH

Vorname Renate

geb. am 17. 08. 1949 in Ober-Ebersbach

wurde am 22. 11. 1984 nach der BRD entlassen.

Er/Sie befand sich seit ....

in Untersuchungshaft/im Strafvollzug.

(Dienstsiegel)

Unterschrift

Entlassungsschein, 1984
Die DDR-Bürgerin Renate Persich wird als politische Gefangene von der Bundesrepublik Deutschland aus Bautzen II freigekauft und direkt in den Westen entlassen.

Privatbesitz Renate Persich

Öffentlichkeit

Bautzen II ist streng von der Außenwelt abgeschirmt. Nicht die kleinste Information soll an die Öffentlichkeit dringen. Der Strafvollzug der DDR ist ein Tabu und öffentlicher Berichterstattung völlig entzogen. Aus Angst vor erneuter Verhaftung schweigen die in die DDR entlassenen Häftlinge über ihre Erlebnisse. Die Bautzener Bevölkerung kennt die Haftanstalt zwar, weiß aber nichts Genaues. In der Bundesrepublik dagegen wird in den Medien ausführlich über das »Prominenten-Zuchthaus« in Bautzen berichtet. Menschenrechtsorganisationen machen Bautzener Haftschicksale publik. Einige der in den Westen entlassenen Häftlinge geben Interviews und veröffentlichen ihre Hafterinnerungen. Über westdeutsche Rundfunk- und Fernsehsender verbreiten sich auch in der DDR Informationen über das Stasi-Gefängnis. In Ost- wie in Westdeutschland stehen die Worte »Ab nach Bautzen« synonym für die politische Verfolgung in der SED-Diktatur.

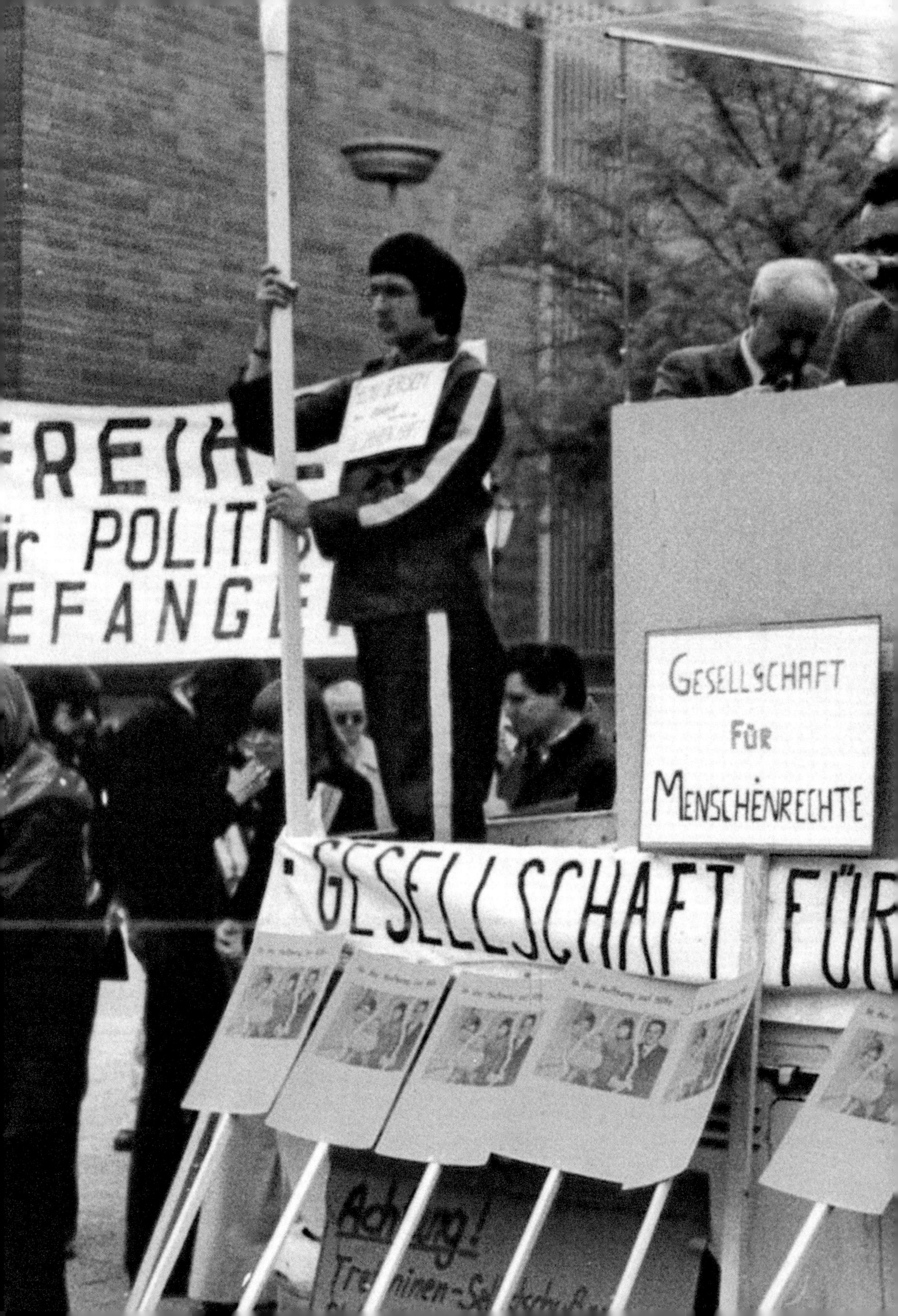

FREIH
ir POLITI
EFANGE
GESELLSCHAFT
FÜR
MENSCHENRECHTE
GESELLSCHAFT FÜR
Achtung!

Demonstration der Internationalen Gesellschaft für Menschenrechte vor der ständigen Vertretung der DDR in Bonn, Mai 1975

IGFM/Erhard Göhl

Westmedien

Bereits wenige Wochen nach Einrichtung der Stasi-Haftanstalt im August 1956 erscheint im West-Berliner »Telegraf« ein Bericht über Bautzen II. Die Zeitung stützt sich auf Angaben des »Untersuchungsausschuss freiheitlicher Juristen«, der auch in den folgenden Jahren die Westmedien über den Sonderstatus der Haftanstalt und die »Prominenten im Objekt Bautzen II« informiert. Ab Ende der fünfziger Jahre kommen Augenzeugenberichte Haftentlassener hinzu, die von vielen Rundfunk- und Zeitungsredaktionen im Westen begierig aufgegriffen werden. Bautzen II gerät immer dann in den Fokus der öffentlichen Wahrnehmung, wenn es um prominente Einzelschicksale geht. Ziel der Berichterstattung ist das Aufzeigen politischer Verfolgung und unmenschlicher Haftbedingungen, um so die Legitimität der SED-Diktatur in Zweifel zu ziehen.

Die Entspannungspolitik der siebziger Jahre bewirkt einen deutlichen Umschwung in der öffentlichen Wahrnehmung. Der Stil der Berichterstattung wird sachlicher und vermeidet den anklagenden Tonfall früherer Haftschilderungen. Nach Inkrafttreten des neuen Strafvollzugsgesetzes 1977 werden die Haftbedingungen in der DDR auch tatsächlich besser, was von der Presse wohlwollend zur Kenntnis genommen wird. Nur noch prominente Haftschicksale wie das von Rudolf Bahro finden ein großes Medienecho.

Telegraf Nr. 237/11 - Seite 5

Häftlinge umquartiert

Dertinger jetzt im Zuchthaus Bautzen isoliert

Berlin (dpa)

Etwa 50 prominente Häftlinge — darunter der zu 15 Jahren Zuchthaus verurteilte frühere Außenminister Dertinger — sind jetzt aus der Strafanstalt Brandenburg in das Zuchthaus Bautzen umquartiert worden. Dort wurden sie — wie schon in Brandenburg — völlig isoliert untergebracht. Ihre Verlegung läßt vermuten, daß mit ihrer Entlassung vorerst nicht zu rechnen ist.

Unter diesen Häftlingen befinden sich nach Informationen des Untersuchungsausschusses Freiheitlicher Juristen ferner der zu zehn Jahren Zuchthaus verurteilte ehemalige Versorgungsminister Dr. Karl Hamann, der frühere Staatssekretär für Justiz, Dr. Helmut Brandt, und der mit 15 Jahren Zuchthaus bestrafte Josef Reimann, ein Sohn des Vorsitzenden der inzwischen verbotenen westdeutschen KP.

Telegraf, 9. Oktober 1956

Partei-Absolution für alle Verbrechen

Das „Prominenten"-Zuchthaus Bautzen wird noch immer mit erbarmungsloser Härte geführt

Der Verfasser des folgenden Berichtes wurde in der Nacht vom 10. zum 11. August 1961 aus West-Berlin entführt und in der „DDR" in einem Geheimprozeß aus politischen Gründen zu zwölf Jahren Zuchthaus verurteilt. Nach acht Jahren Haft wurde er im Sommer 1969 aus Bautzen entlassen. (D. Red.)

„So, 329, Sie können sich abmelden. Beginnen Sie mit der Einhaltung der Hausordnung." Das Einführungsgespräch beim Kommandoleiter Pokorny, einem von Haß erfüllten orthodoxen Strafvollzugs-Apparatschik, war beendet. Zu diesem Zeitpunkt, im Februar 1962, ahnte ich noch nicht, was alles ich im Objekt II in Bautzen — Ulbrichts Privatzuchthaus genannt — erleben sollte. Damals kannte ich noch nicht die Funktionäre, die als verlängerter Arm des Mielke-Apparates den Sonderstrafvollzug besorgen.

Das Objekt II, vom Gruppenleiter Strafvollzugsaufsicht, Staatsanwalt Kurt Kunze, als „Isolierhaus" bezeichnet, dient zunächst zur Unterbringung jener Gegner des SED-Regimes, die auf Grund ihrer Kenntnisse, ihres Einblicks oder ihrer unverhohlen zum Ausdruck gebrachten antikommunistischen Einstellung im normalen Strafvollzug eine Gefahr darstellen würden.

Diese Sonderanstalt untersteht praktisch dem Ministerium für Staatssicherheit (MfS), wenn auch verwaltungsmäßig die Hauptverwaltung Strafvollzug im Innenministerium vorgeschoben wird. Die Kennziffer dieses Objektes in der HV Strafvollzug ist 655. In diesem Zuchthaus herrschen erbarmungslose Härte und Brutalität.

Auf politische Indoktrination, wie sie aus anderen Haftanstalten der Zone bekannt ist, verzichtet man hier bewußt. Der Mensch wurde zur Nummer und das Nennen des Namens wurde als „Verstoß gegen die Hausordnung" mit Arrest geahndet.

Eine weitere Gruppe in diesem Haus sind die Opfer der Säuberungsaktionen im Partei-, Staats- und Hochschulapparat der Zone. Wissenschaftler, wie die Professoren Hoffmann, Harich, Vieweg, Schriftsteller und Dozenten wurden und werden hier mundtot gemacht, für lange Zeit, denn es gibt kaum Urteile unter zehn Jahren.

Die Urteile scheinen in diesen Fällen vom MfS festgelegt zu werden, von „Verhandlung" kann man kaum sprechen, höchstens von einem auf die primitive Geisteshaltung der (sorgfältig ausgewählten) Beisitzer zugeschnittenem Theater.

Mein Vernehmer, Referatsleiter der Hauptabteilung IX im MfS, Oberstleutnant Herfurt, empfahl mir zum Beispiel, mit lebenslänglich Zuchthaus zu rechnen, weil ich mich dann über 15 Jahre freuen könnte ...

Eine besondere Gruppe in diesem Haus stellen die ehemaligen Angehörigen des Ministeriums für Staatssicherheit dar, die von den übrigen Häftlingen als „gestrauchelte Berufsdenunzianten" bezeichnet werden. Dazu gehören frühere „Geheime Mitarbeiter", die im westlichen Ausland die Spionagegeschäfte der Zone erledigten.

Der Interessanteste dieser Gruppe dürfte Ex-Agent Peter Pertus gewesen sein, der sich in Skandinavien als Ost-Nachrichtenmann den „Esterhazy-Keller", ein Ost-Berliner Nachtlokal, verdiente und dann auf eigene Faust wirtschaftete.

In acht Jahren Haft kein Besuch erlaubt

Der Mächtigste in diesem Haus ist der „Verbindungsoffizier des MfS", Oberleutnant Anders. Ein beschränkter und des Deutschen nur mäßig kundiger SSD-Mann alter Prägung, bemüht er sich, seine Unzulänglichkeiten durch besonders aus dem Rahmen fallende Gemeinheiten zu vertuschen. Eine Strafvollzugsordnung ist für ihn nicht existent, er administriert nach eigenem Ermessen, Eingaben nach Berlin werden nicht weitergeleitet, Postverbindungen unterbrochen, Besuchsgenehmigungen verweigert. Ich durfte in acht Jahren Haft keinen Besuch empfangen.

Bei einer Auseinandersetzung mit ihm packte er mich in Gegenwart eines weiteren MfS-Mannes, der mir als Staatsanwalt vorgestellt worden war, dem ich meine Beschwerden vortragen sollte, am Hals und ließ mich mit Würgemalen und Kratzspuren in meine Zelle zurückschleppen.

Der damalige Parteisekretär Gornich, der 1963 den Polizeimeister Jenke von diesem Posten ablöste — vermutlich im Zusammenhang mit der Ablösung des in Berlin vorbestraften Anstaltsleiters Meier — kommentierte den Vorfall mit Anders: „Wir werden uns nie scheuen, uns mit Gewalt durchzusetzen. Da bleibt kein Auge trocken." Das kannte ich schon. Am 3. August 1963 ließ Kommandoleiter Pokorny mich in der Arrestzelle von den Schließern Rothe, Jenke und Jahn, dem späteren Stationsleiter, mit Gummiknüppeln zusammenschlagen. Mit einem Schädelbruch und Gehirnerschütterung lag ich über zwei Monate im Haftkrankenhaus des Objektes I. Das war selbst dem Vertragsarzt Böhm zu viel, der den Vorfall nach Berlin meldete. Grund für das Vorgehen von Pokorny war mein Verlangen, Papier für eine Beschwerde zu bekommen.

Während der „Stellvertreter Allgemein", Hauptmann Römer, nach Eintritt in dieses Haus sich zunächst oft noch vermittelnd einschaltete und Gesuche von Häftlingen positiv entschied, schwenkte er auf den von Anders und Pokorny bestimmten harten Kurs ein, nachdem ihm auf einer Parteiversammlung von seinen Genossen „unangebrachte Milde" vorgeworfen worden war.

Die Namen der Strafvollzugs-Funktionäre waren für uns streng geheim. Erst 1964 gelang es uns, dieses Geheimnis zu lüften; die Pokorny-Clique war nicht wenig verwirrt.

Dem MfS ist nie bekannt geworden, auf welche Weise Interna bei Häftlingen landeten, in welcher Form der Informationsaustausch zwischen uns erfolgte, obwohl nicht wenige Anstrengungen unternommen wurden, dahinter zu kommen. Vom Chef-Spitzel des Anders, dem früheren Arzt im Regierungskrankenhaus der Zone, Schuch, bis zum für Polit-, Kultur- und Erziehungsfragen zuständigen Leutnant Lebe, dem früheren Bahnhofsfriseur aus Bautzen, der in „väterlichen Gesprächen" hinter die „undichte Stelle" kommen wollte, wurden alle Spitzel vergeblich angesetzt.

Die medizinische Betreuung im Objekt II ist äußerst mangelhaft. 1965 waren selbst notwendigste Instrumente zur Zahnbehandlung nicht verfügbar. Der Zahnarzt, ein Häftling, war gezwungen, Paradentoseoperationen mit einer Rasierklinge durchzuführen, weil kein entsprechendes Skalpell in seinem Besteck vorhanden war.

Der politische Häftling Dr. Reinertz und ich wurden auf diese Weise operiert. Der inhaftierte Sohn des Kirchenstaatssekretärs der Zone, Seigewasser, weigerte sich, auf diese Weise behandelt zu werden. Erst der Protest beim Staatsanwalt schaffte Abhilfe, und Pokorny versuchte, dem Zahnarzt den Schwarzen Peter zuzuschieben.

Der Ambulanzleiter, Polizeimeister Pietsch, steht unter dem Einfluß von Anders, der auch zu entscheiden hat, ob ein Häftling in das Haftkrankenhaus eingewiesen wird. Meist gibt man in diesem Fall einen „Betreuer" mit in das andere Objekt, dessen „Volkspolizei"-Personal gegenüber den geheimnisvollen Häftlingen aus dem Objekt II sehr neugierig ist.

Vom 22. 11. bis 22. 12. 1965 befand ich mich in Hungerstreik und wurde durch Blutübertragungen und Nährstoffinfusionen am Leben gehalten. Mein „Betreuer" war der ehemalige MfS-Hauptmann Hermann Werner, der täglich zur „Untersuchung" (zu Anders) geholt wurde. Den Ärzten machte man später den Vorwurf, meinen Hungerstreik unterstützt zu haben, indem sie mich medizinisch behandelten.

Erst der Besuch aus dem Ministerium für Staatssicherheit in Berlin am 22. 12. 65 brachte die Erfüllung meiner Forderung, und im Januar wurde die Einzelhaft aufgehoben, auf die angestrebte Haftentlasssung sollte ich allerdings weitere drei Jahre warten.

Am 17. August 1965 war das Nummernsystem aufgehoben worden, die Häftlinge erhielten unter dem Druck der Veröffentlichungen im Westen ihre Namen zurück. Pokorny bezeichnete das als einen „Fortschritt", dem weitere folgen sollten. — Jetzt hat sich das Regime im Objekt II wieder verschärft. Paket- und Briefsperre, die „kleinen Schikanen", wie Einkaufssperre und Kinoverbot, sind an der Tagesordnung. Normerhöhungen für die mit einem Bruchteil des Erlöses bezahlten Häftlinge finden häufig statt.

Die Selbstmordquote in diesem Haus ist sehr hoch. Der letzte mir bekannte Fall war der politische Häftling Günter Hausbalk, der sich in seiner Zelle erhängte.

Das Regime entspricht dem in den sowjetischen Gefängnissen der Stalin-Ära praktizierten. „Wir können alles, über uns gibt's nur noch den lieben Gott, und an den glauben wir nicht", erklärte mir mein Vernehmer.

„Recht ist, was uns nützt", sagte Pokorny. Zwei Funktionäre der unbestreitbar wichtigsten Apparate der Sowjetzone zur Verfolgung politischer Gegner des kommunistischen Regimes. Sie sind sich ihrer Sicherheit bewußt. Die Partei erteilt ihnen die Absolution für alle Verbrechen.

Wolfgang Veith

Der Tagesspiegel, 23. Oktober 1969

„Ich bin trotz allem Kommunist“

Der Haft-Alltag des ostdeutschen Regimekritikers Rudolf Bahro in der DDR-Strafanstalt Bautzen II

SED-Dissident Bahro*: Systemkritik in Zelle 15/3

Wenn der Häftling Rudolf Bahro nicht für die Spätschicht eingeteilt ist, setzt er sich abends an den Klapptisch seiner Zelle. Mal schlägt er ein Französischbuch auf, um Vokabeln zu lernen, mal liest er in der Bibel: Feierabend im DDR-Gefängnis Bautzen II.

Häufiger aber greift der Mann im Sträflingsdrillich mit den gelben Streifen an Ärmeln und Beinen zu einem Stoß kleinkarierter DIN-A4-Bögen und setzt unter den Augen der Gefängniswärter in seiner Zelle fort, was ihn hinter Gitter gebracht hat: Systemkritik. Erst vor wenigen Tagen beschlagnahmten seine Aufseher Materialien für das neue Buch des Dissidenten. Thema: Wie halten es die Kommunisten mit der Religion?

Auszüge aus Bahros 1977 im Westen erschienenem Buch „Die Alternative — Zur Kritik des real existierenden Sozialismus“ gehen im intellektuellen Untergrund der DDR von Hand zu Hand. Seine Verurteilung zu acht Jahren Bautzen löste im Westen eine Welle von Solidaritätsaktionen aus. Er wurde angeklagt, offiziell nicht wegen seiner abweichenden Meinung, sondern wegen „Sammlung von Nachrichten“ und Geheimnisverrats.

Das ehemalige Wunderkind der Partei, Ex-SED-Agitator, ex-stellvertretender Chefredakteur beim FDJ-Organ „Forum“, Ex-Industriemanager, der überzeugte Kommunist und Wissenschaftler Bahro gilt im ZK der SED nur noch als „antikommunistischer Verleumder“, objektiv ein Feind der Arbeiterklasse.

Jetzt, rund ein Jahr nach seiner Einlieferung in Bautzen, gelangten Details aus dem Gefängnisleben des Häftlings Rudolf Bahro an den SPIEGEL. Die Geschichte des Alltags hinter Gittern des Dissidenten aus Zelle 15/3 beginnt mit Intrigen und Schlägereien, sie endet — vorerst — mit politischen Plaudereien bei Kaffee und Kuchen.

Name und Bedeutung ihres heutigen Mithäftlings waren den Bautzen-Insassen schon bekannt, als Bahro noch in der Untersuchungshaft in Berlin-Hohenschönhausen saß. In Bautzen kursierte eine Ausgabe des Organs der Schweizer kommunistischen Partei „Vorwärts“, die über den Regimekritiker berichtete.

Und noch während Bahro, wie alle Neuankömmlinge, in Bautzener Isolierhaft gehalten wird („Die wollen“, so ein Häftling, „dort sehen, wie einer auf den Knast reagiert“), schwirren Gerüchte durch die Gefängnisflure. Bahro habe in den Verhören, so frohlockten einige, Spitzenfunktionäre hochgehen lassen.

Der Staatssicherheitsdienst, an nichts weniger interessiert als an Sympathiebekundungen für Bahro, hielt gegen: Über Mittelsmänner unter den Häftlingen ließen die Beamten verbreiten, Bahro sei „total umgefallen“ und habe schon in der U-Haft für den Stasi gearbeitet. Er sei, so ein Zuträger, „eine ganz stinkige Type und obendrein stockschwul“. Ein anderer höhnte über den Dissidenten: „Wer zehn Jahre braucht, um ein nichtssagendes Büchlein zu verfassen, ist kein Geistesblitz.“

Bei den meisten Häftlingen stießen derlei Aussagen auf taube Ohren und blanke Fäuste. Ein Insasse: „Ein paar Gerüchteverbreiter erhielten eins in die Fresse.“

Noch während der Isolierhaft Bahros gelingt es dem wegen Fluchthilfe in Bautzen einsitzenden Westdeutschen Hartmut Kirmse, ersten Kontakt aufzunehmen. Er kann herausfinden, in welchem Hof des Gebäudekomplexes Bahro zur Freistunde geführt wird. Unbemerkt öffnet Kirmse eine Tür: „Vor mir stand ein grauhaariger, etwa 45 Jahre alter Mann mit Brille und offenem Gesicht. Er machte Gymnastikübungen. Als er mich sah, lächelte er.“ Ausführlich sprechen kann der Westdeutsche mit Bahro nicht, zwei Blauuniformierte zerren ihn zurück ins Gebäude.

Nach Wochen wird Bahro dem „Kommando II“ zugeteilt — Sammelgruppe für die „Politischen“ und straffällig gewordene frühere SED-Kader, wie etwa der frühere Bevollmächtigte des Generaldirektors eines volkseigenen Außenhandelsbetriebes Alfred Albrecht, der wegen eines Wirtschaftsvergehens zu lebenslanger Haft verurteilt wurde.

Wie jeden, der aus der Isolation kommt, unterstützen die Leute vom „Kommando II“ auch Rudolf Bahro mit Geld und Lebensmitteln. Und der SED-Kritiker nutzt, von den Mithäftlingen auf sein Schicksal angesprochen, Begegnungen auf Hof und Korridor, um bereitwillig über sich und seine Haltung „in fast schon exhibitionistischer Weise“ zu reden (ein Ex-Gefangener). „Ich bin“, erklärt Bahro immer wieder, „trotz allem Kommunist.“

Der Alltag des 43jährigen ist bestimmt von Routine und dem täglichen Kampf um die kleine Freiheit. In Bautzen II scheint das leichter als in anderen DDR-Vollzugsanstalten, wo, wie in der Strafanstalt Cottbus, zehn oder

* Bei einem Fernseh-Interview vor seiner Verhaftung.

36

Der Spiegel, 2. Juli 1979

Menschenrechtsorganisationen

Die internationale Menschenrechtsorganisation »Amnesty International« wird 1961 gegründet. Sie engagiert sich weltweit für politische Gefangene und tritt auch für die Freilassung politischer Häftlinge aus Bautzen II ein. Amnesty-Gruppen aus aller Welt wenden sich in sachlich gehaltenen Briefen an die verantwortlichen Stellen in der DDR. So erhält auch der Anstaltsleiter von Bautzen II Schreiben, in denen die Einhaltung der Rechte der Inhaftierten angemahnt wird.

1972 gründet sich in der Bundesrepublik die »Internationale Gesellschaft für Menschenrechte« (IGfM). Ihr gehören mehrere ehemalige Häftlinge aus Bautzen II an. Mit öffentlichkeitswirksamen Flugblattaktionen und Demonstrationen machen sie in der Bundesrepublik auf das Schicksal der politischen Gefangenen in der DDR aufmerksam. Ebenso sucht die Fernsehsendung »Hilferufe von drüben«, die ab Dezember 1975 als Teil des »ZDF-Magazins« ausgestrahlt wird, bewusst die Öffentlichkeit. Im Januar 1978 geht daraus der gleichnamige Verein hervor, der die politischen Gefangenen der DDR auch nach ihrer Entlassung betreut. IGfM und »Hilferufe von drüben« geben auflagenstarke Zeitungen heraus, in denen fortlaufend Haftschicksale und Appelle politisch verfolgter DDR-Bürger veröffentlicht werden. Diese Vorgehensweise ist in der Bundesrepublik der siebziger Jahre umstritten. Kritiker befürchten, dass dadurch die Entspannungspolitik der Bundesregierung und die damit verbundene Hoffnung auf »menschliche Erleichterungen« in der DDR gefährdet werden.

Unabhängig von der unterschiedlichen Arbeitsweise werden seitens der DDR alle Menschenrechtsgruppen als »Feindorganisationen« betrachtet. Mit wechselndem Erfolg versucht die Staatssicherheit, Inoffizielle Mitarbeiter einzuschleusen und unliebsame Aktionen zu verhindern.

REINHARD MATHE,
geb. 17.12.1951,
Maschinenbauer
DDR 8027 Dresden
Münchenerstr. 21
inhaftiert

Seit dem 16.8.1975 versucht Reinhard Mathe eine Genehmigung auf die Übersiedlung in die Bundesrepublik und Entlassung aus der Staatsbürgerschaft der DDR zu erhalten. Grund für seinen Wunsch ist, daß er als Christ die Gesellschaftsordnung der DDR nicht akzeptieren kann und sich aufgrund seiner Überzeugung jeder Entwicklungsmöglichkeit beraubt sieht. Seine sieben Anträge wurden bisher abgelehnt, ihm wurde nur mitgeteilt, daß die Voraussetzungen für die Umsiedlung bei ihm nicht gegeben seien, eine weitere Begründung erhielt er trotz wiederholter Nachfragen nicht.

«Ich kann meine Gesinnung nicht einfach verleugnen...»

In einem offenen Brief vom 27.4.1977 wandte sich Reinhard Mathe über einen Freund an die Öffentlichkeit der Bundesrepublik, die er aufrief, die demokratischen Möglichkeiten ihres Staates zu nutzen und seinen legitimen Wunsch auf Ausreise öffentlich zu unterstützen. Eine Durchschrift des Schreibens sandte er an den Ministerrat der DDR.
In diesem Brief schrieb er unter anderem:
«Ich kann meine Gesinnung nicht einfach verleugnen, da dies nicht nur einem Preisgeben meiner religiösen Position gleichkommen, sondern auch ein stillschweigendes Identifizieren mit der Staatsideologie bedeuten würde. Der Personalausweis wurde mir abgenommen, obwohl ich die Gesetze der DDR in keiner Weise verletzt habe. Die akute Lebensgefahr bei der unerlaubten Grenzüberschreitung ist für mich kein Hindernis, nur der Glaube an die Vernunft dieses Staates verbietet mir z. Z. noch, einen entsprechenden Versuch zu unternehmen.»

Reinhard Mathe wurde am 25.5.1977 verhaftet.

HANS FILTZER, Chemiker, wohnhaft in Dresden, inhaftiert, Zuchthaus Bautzen II

Renate Filtzer, Architektin, Ehefrau

Lutz-Oliver Filtzer, Sohn

Bert Filtzer, Sohn

Familie Filtzer aus Dresden wurde 1973 bei einem Fluchtversuch über Bulgarien entdeckt, das Ehepaar wurde verhaftet und verurteilt.
Hans Filtzer wird zu 8 Jahren Zuchthaus verurteilt, Renate Filtzer erhält eine Freiheitsstrafe von 3 Jahren und vier Monaten. Nach Verbüßung der vollen Strafe wird Frau Filtzer am 20.12.1976 aus der Haft entlassen.
Frau Filtzer hat Berufsverbot, sie verrichtet primitive Arbeiten im Großhandel. Ein von Frau Filtzer gestellter Ausreiseantrag wurde abgelehnt und die Bearbeitung weiterer Anträge verweigert. Sie hofft auf vorzeitige Haftentlassung ihres Mannes.

Zwischenzeitlich wurde Frau Filtzer, die mit ihren beiden Söhnen in einem Einfamilienhaus wohnt, die Zwangsräumung ihrer Wohnung angedroht.

Wir fordern die DDR-Regierung auf, diese unschuldigen Menschen unverzüglich freizulassen und ihnen die elementarsten Menschenrechte zu gewähren.

Schreiben Sie an die Regierungsstellen in der DDR:

An den Staatsratsvorsitzenden und Generalsekretär der SED, *Erich Honecker,* sowie an den Vorsitzenden des Ministerrats, *Willi Stoph,*
Marx-Engels-Platz, DDR-102 Berlin

Innenministerium der DDR, Herrn *Friedrich Dickel*
Mauerstr. 29-39, DDR-108 Berlin und an

Leiter der Ständigen Vertretung der DDR in der Bundesrepublik *M. Kohl,* Kölner Str. 18, 5300 Bonn-Bad Godesberg

Um wirksam zu sein, sollten Ihre Briefe in höflicher Form abgefaßt sein.

- **Veranstalten Sie Protestaktionen, Informationsstände und Unterschriftensammlungen, um die Öffentlichkeit auf diese Fälle aufmerksam zu machen** (Material kann bei uns angefordert werden).
- **Versuchen Sie, die Informationen über diese Fälle in der Presse zu veröffentlichen** (Unterlagen sind bei uns erhältlich).
- **Schreiben Sie die Betroffenen an, und bekunden Sie ihnen Ihre Solidarität.** (Brief mit Einlieferungsbescheinigung).
- **Spenden Sie zur Durchführung dieser Aktion und zur Unterstützung der aus politischen und religiösen Gründen verfolgten Menschen.**

GESELLSCHAFT FÜR MENSCHENRECHTE E. V.
Kaiserstraße 40, Postfach 2965 · 6000 Frankfurt/Main 1 · Tel. (0611) 23 69 71 - 72

Spendenkonten: Postscheckamt Frankfurt 3269 66-602;
Deutsche Bank, Frankfurt 405/2031

Flugblatt, 1970er Jahre
Die Internationale Gesellschaft für Menschenrechte verteilt in der Bundesrepublik Deutschland tausendfach Flugblätter, auf denen sie die Freilassung politischer Häftlinge in Bautzen II fordert.

Schenkung IGFM

9.

Eine Organisation, die für menschliche Behandlung und Freigabe von politischen Gefangenen in der ganzen Welt arbeitet.

amnesty international

swedish section

Gruppe 7, c/o Frau Daisy [geschwärzt]
Stockholmscågen 22 B
181 33 Lidingö
Schweden.

Auslandspost

Lidingö 1.10. 1974

An den Minister des Innern der DDR
Herrn Friedrich Dickel

DDR - 108 Berlin 8

Mauerstrasse 29 - 32

Deutsche Demokratische Republik.

17 = 820/74

Sehr geehrter Herr Minister,

Angesichts des kommenden 25-jährigen Jubileums der Gründung der Deutschen Demokratischen Republik wenden wir uns erneut an Sie mit der dringenden Bitte, den iranischen Staatsbürger H u s s e i n [geschwärzt] freizulassen, der im Oktober 1974 dreizehn Jahre in Bautzen im Gefängnis zugebracht hat wegen politischer Versehen in der DDR, deren Durchführung ihm wahrscheinlich von den Behörden seines Heimatlandes auferlegt worden war.

Als Hussein [geschwärzt] 1961 ins Gefängnis kam, war er ein junger Mann und nun ist er bald 40 Jahre alt - ein Drittel seines Lebens ist im Gefängnis verflossen! Seine Schuld galt weder umstürzender Tätigkeit noch Sabotage oder Mord. Sein Vergehen richtete sich nicht gegen die DDR. Während seiner Gefängnisjahre hat sich seine eigene Familie aufgelöst - die junge Tochter hat ihren Vater noch nie gesehen. Seine Eltern sind alt und der Vater, der schwerkrank und vom Kummer gezeichnet ist, hat seinen Sohn seit mehr als 20 Jahren nicht gesehen.

Wir haben gehört, dass man in der DDR der Meinung ist, das marxistisch-humanistische Ideal nunmehr erreicht zu haben. Kann ein solches Ideal nicht auch die Freigabe eines Menschen in sich schliessen, der 13 Jahre lang im Gefängnis und mit Familientragödien sein Vergehen hat büssen müssen

Wir hoffen dass die Feier des 25. Jahrestages der Deutschen Demokratischen Republik auch eine Amnestie mit sich bringt und Freiheit für Hussein Yasdi.

Mit vorzüglicher Hochachtung

/Daisy [geschwärzt]

Für Gruppe 7 von Amnesty International

Brief von amnesty international, 1974
Eine schwedische amnesty-Gruppe fordert die Freilassung des in Bautzen II inhaftierten Hossein Yazdi.

BArch Berlin

Demonstrationsplakat, 1972
Der Iraner Hossein Yazdi verbüßt seit Oktober 1962 seine lebenslange Haftstrafe in Bautzen II. Auf Initiative seines Bruders Feridoun organisiert die Internationale Gesellschaft für Menschenrechte in der Bundesrepublik Demonstrationen, auf denen sie die Freilassung Yazdis fordert.

Schenkung Feridoun Yazdi

Auflösung

Der Zusammenbruch der SED-Diktatur ab Oktober 1989 wirkt sich unmittelbar auf den Strafvollzug in Bautzen II aus. Das strenge Haftregime und die Stasi-Überwachung schwinden innerhalb weniger Wochen. Nach dem Rücktritt von Staatssicherheitsminister Mielke Anfang November beginnt der Niedergang der Stasi. Am 22. November 1989 verbietet die Abteilung Strafvollzug dem MfS-Offizier in Bautzen II den Zutritt zum Gefängnis. Vor der Haftanstalt demonstriert die Bautzener Bevölkerung für die Freilassung der politischen Häftlinge. Am 3. Dezember 1989 treten die Häftlinge in Streik. Es wird ein Gefangenenrat gewählt, der Urteilsüberprüfungen, Amnestien und die Zulassung von Öffentlichkeit in der Haftanstalt einfordert. Bis zum 22. Dezember 1989 kommen alle politischen Gefangenen aus Bautzen II frei.

3

StVE Bautzen II

- Gefangenenrat - Bautzen, den 10.12.89

RESOLUTION

Der gegenwärtige Erfüllungsstand unseres Forderungskataloges gibt Veranlassung weiterhin mit aller Entschiedenheit auf Erfüllung zu drängen.
Die Bildung der uns zugesagten Untersuchungskommission unter Beteiligung unabhängiger, demokratischer Parteien und Gruppen muß bis zum 22.12.1989 abgeschlossen sein.
Bis zum 22.12.1989 müssen alle amnestierten, sowie die auf der Basis §349 zu behandelden Gefangenen entlassen sein.
Bis zum 22.12.1989 müssen alle eingereichten Gnadengesuche beim Staatsrat eingegangen sein. Darüber muß uns, bis zum 22.12.1989 ein schriftlicher Bescheid vorliegen.
Die obengenannte Untersuchungskommission muß unter Beteiligung des Neuen Forums, Ortsgruppe Bautzen sowie der evangelischen Kirche, Herrn Pfarrer Simmgen und der katholischen Kirche als auch Betroffener ihre Arbeit aufnehmen.
Nur die Erfüllung dieser Forderungen sichert die ohnehin schwer beherrschbare Sicherheitspartnerschaft.

Gefangenenrat:

Petra Maier Manfred Wahle Bodo Hrelidow

Gefangenenresolution, 1989
Der Gefangenenrat fordert am 10. Dezember 1989 die Bildung einer unabhängigen Untersuchungskommission für Bautzen II und die Überprüfung der eingereichten Gnadengesuche.

Leihgabe Arbeitsgruppe Bautzen II

Montagsdemonstration vor Bautzen II, 4. Dezember 1989

Jürgen Matschie

Begnadigungsaktionen

Nach der Amnestie vom 27. Oktober 1989 werden aus Bautzen II 24 Häftlinge in die DDR entlassen. Die Amnestie gilt vor allem für wegen Republikflucht Verurteilte. Nach dem Sturz Erich Honeckers will die Regierung unter dem neuen SED-Chef Egon Krenz die angespannte innenpolitische Situation entschärfen. Am 6. Dezember 1989 folgt eine zweite Amnestie, nach der weitere 56 politische Häftlinge freikommen. Parallel dazu fädeln Vertreter der Bundesregierung über den Unterhändler der DDR, Rechtsanwalt Wolfgang Vogel, die Freilassung von 28 Häftlingen in den Westen ein. Bis 22. Dezember 1989 gelangen auf diesem Weg die letzten politischen Gefangenen aus Bautzen II in Freiheit. Es bleiben 29 Gefangene weiter in Haft, die überwiegend wegen krimineller Delikte verurteilt sind.

Beschluß

des Staatsrates der Deutschen Demokratischen Republik über eine Amnestie

vom 27. Oktober 1989

1. Personen, die vor dem 27. Oktober 1989 Straftaten des ungesetzlichen Grenzübertritts sowie Straftaten begangen haben, die darauf gerichtet waren, die Ausreise aus der DDR widerrechtlich durchzusetzen, werden amnestiert.

   Amnestiert werden auch Personen, die vor dem 27. Oktober 1989 Straftaten gegen die staatliche und öffentliche Ordnung im Zusammenhang mit demonstrativen Ansammlungen begangen haben.

2. Von der Amnestie werden Personen ausgenommen, die bei der Tat
   - Gewalt angewandt oder zu Gewalttätigkeiten aufgefordert,
   - Leben oder Gesundheit von Menschen gefährdet,
   - Waffen mitgeführt oder gefährliche Mittel und Methoden angewandt haben.

3. Personen, die zu Strafen mit Freiheitsentzug verurteilt worden sind, werden aus dem Strafvollzug entlassen. Strafen sind nicht zu vollstrecken, wenn der Vollzug noch nicht begonnen wurde. Strafen ohne Freiheitsentzug (Verurteilung auf Bewährung, Geldstrafe, öffentlicher Tadel) sowie Zusatzstrafen und gerichtlich angeordnete Maßnahmen der Wiedereingliederung werden erlassen, soweit sie noch nicht verwirklicht sind.

4. Ermittlungsverfahren und nicht rechtskräftig abgeschlossene gerichtliche Verfahren sind einzustellen. In Untersuchungshaft befindliche Personen sind zu entlassen. Straftaten, die vor dem 27. Oktober 1989 begangen wurden und erst später bekannt werden, sind nicht mehr zu verfolgen.

5. Der Generalstaatsanwalt der DDR wird beauftragt, Eintragungen in das Strafregister zu tilgen, sofern die Personen
   - von dieser Amnestie erfaßt werden,
   - allein wegen ungesetzlichen Grenzübertritts gemäß § 213 Abs. 1, Abs. 2, Abs. 3 Ziffer 3 bis 6 StGB oder der unterlassenen Anzeige hierzu verurteilt wurden und die Strafe bereits verwirklicht ist.

6. Andere Straftaten sowie Schadenersatzansprüche werden von der Amnestie nicht berührt.

7. Die Entlassungen aus dem Strafvollzug und der Untersuchungshaft sind bis zum 30. November 1989 abzuschließen.

8. Die örtlichen Räte, Betriebe und Einrichtungen sowie die Vorstände der Genossenschaften haben auf der Grundlage des Gesetzes über die Wiedereingliederung der aus dem Strafvollzug entlassenen Bürger in das gesellschaftliche Leben vom 7. April 1977 (GBl. I Nr. 10/1977, S. 98) die gleichberechtigte Eingliederung in den Arbeitsprozeß und die wohnungsmäßige Unterbringung zu sichern.

9. Der Generalstaatsanwalt der DDR hat in Zusammenarbeit mit den Leitern der zentralen Justiz- und Sicherheitsorgane die Durchführung der Amnestie zu gewährleisten und darüber dem Staatsrat zu berichten.

Berlin, 27. Oktober 1989

Der Vorsitzende des Staatsrates der Deutschen Demokratischen Republik
Egon Krenz

Der Sekretär des Staatsrates der Deutschen Demokratischen Republik
Heinz Eichler

Siehe Kommentar Seite 2

Neues Deutschland, 28. Oktober 1989

Prof. Dr. jur. h. c. Wolfgang Vogel

RECHTSANWALT UND NOTAR
ZUGELASSEN AUCH BEI DEN GERICHTEN IN WESTBERLIN

1140 BERLIN 18.12.1989
REILER STRASSE 4
FAHRVERBINDUNG: AUTOBUS 43/53
S-BAHN FRIEDRICHSFELDE-OST
SPRECHSTUNDEN:
MONTAG BIS MITTWOCH 14 BIS 18 UHR
TELEFON: 5 25 19 27, 5 25 18 11
TELEX: 113 023 VOBE DD

BEI ANTWORT BITTE UNBEDINGT ANGEBEN:
Vo/Sch

V e r m e r k

Betr.: Inhaftierte - vor allem in Bautzen -

1) Staatssekretär Dr. Walter Priesnitz (BMB), meine Frau, Rechtsanwalt Worner (Ausschuß Volkskammer) und ich waren am 15.12.89 in Bautzen.
Es ist gelungen, die aufgebrachten Häftlinge zu beruhigen.
Sie haben ihren Streik und andere gefährliche Reaktionen aufgegeben unter folgenden Bedingungen:

- Entlassung bis spätestens 23.12.89
- Entlassung über und mit Hilfe Büro Rechtsanwalt Vogel nach Westberlin.

Beides ist gewährleistet in Kooperation mit Staatsrat (Semmler), Generalstaatsanwalt (Haarland), MdI (Generalmajor Lustig), Anstaltsleitung Bautzen (Alex).

2) Der Ministerpräsident kann mithin seinen Besuchern aus der BRD und Frankreich guten Gewissens versichern, daß dieses Problem bereinigt ist. Weniger Grenzfälle (teils politisch, teils kriminell) nehme ich mich an und stimme mich ab mit Staatssekretär Priesnitz.

3) Unsere Anliegen an die BRD (5 Fälle) - einschließlich der Interessen aus Moskau - werden noch vor Weihnachten, 1 Fall bis Jahresende, berücksichtigt.

POSTGIROKONTO: BERLIN 7199-52-264 64 · SPARKASSE BERLIN 6772-36-30 162
BANKVERBINDUNG BERLIN (WEST): DEUTSCHE BANK BERLIN AG, NR. 526-1599, HARDENBERGSTRASSE 27, 1000 BERLIN 12

Aktenvermerk, 1989
In einem Vermerk dokumentiert Rechtsanwalt Vogel seine Aktivitäten in Bautzen II.

Schenkung Wolfgang Vogel

Öffnung

Berichte über den Niedergang der SED-Diktatur dringen im Herbst 1989 durch die Medien auch hinter die Gefängnismauern. Die Gefängnisleitung und das Wachpersonal sind stark verunsichert. Der Leiter Horst Alex ist auf sich gestellt. Anweisungen und Verhaltensregeln der Abteilung Strafvollzug fehlen. Durch Lockerungen der strengen Vollzugsregeln versucht er, den Forderungen der Häftlinge nach Hafterleichterungen entgegenzukommen. Bautzener Bürger ziehen während ihrer Demonstrationen am 3. und 4. Dezember 1989 vor die Haftanstalt und fordern die Freilassung der politischen Gefangenen. Auf Initiative der Häftlinge findet am 6. Dezember 1989 erstmals eine Pressekonferenz in dem bis dahin hermetisch von der Außenwelt abgeriegelten Gefängnis statt; eine zweite folgt am 7. Dezember. Vor Vertretern der Bürgerbewegung, Bautzener Pfarrern und Journalisten verschaffen sich die Gefangenen Gehör für ihre Forderungen. In den Medien der DDR erscheinen erstmals Berichte über das Stasi-Gefängnis und die Schicksale der hier Inhaftierten. Am 9. Dezember 1989 erhält sogar ein westdeutsches Fernsehteam Zutritt. Die Pfarrer Erhard Simmgen und Frieder Wendelin setzen sich als Vermittler für die Freilassung der politischen Häftlinge in Bautzen II ein.

Auszug aus der Pressekonferenz vom 06.12.1989 in der StVE Bautzen II

Machen Sie bitte die Bautzener Bürger nicht zu Helden, denn als ich am Sonntag hier vor der Pforte stand und überlegte: "Wirst ´mal klingeln ..." war mir´s - selbst damals noch - mulmig im Magen.
Und draußen standen dann Einige, die haben gewartet, ob ich wieder ´rauskomme.
Verstehen Sie: Ich bin selbst 20 Jahre in Bautzen Bürger.
Wir sind hier vorbeigegangen mit der gleichen Scheißangst im Bauch, wie alle Menschen unseres Landes. Wir hätten eigentlich diese Bastille schon längst stürmen müssen, haben es uns aber nicht getraut.
Und das denke ich, geht den Mitarbeitern des Hauses in gleicher Weise auch so. Sie haben hier offen von Schuld gesprochen - einzelne Gefangene - und ich denke andeutungsweise haben wir es auch schon von Herrn Alex gehört. Wir haben hier unter einen Regime gestanden, was uns alle unwahrscheinlich belastet hat! Und das bitte ich Sie, auch bei allen weiteren Fragen der Schuldzuweisung, zu beachten. Hier kann keiner sagen, daß er schuldlos war!
Ich möchte Ihnen bloß zum Schluß sagen, daß wir menschlich miteinander auch in Zukunft umgehen müssen, Es muß natürlich Recht sein und Recht bleiben, das ist ganz klar. Aber Schuld - ich glaube da kann sich keiner ausklammern.

Pfarrer Simmgen

Ansprache von Pfarrer Simmgen
am 6. Dezember 1989 in Bautzen II

Stadtarchiv Bautzen

Der Anstaltsleiter Horst Alex stellt sich am 9. Dezember 1998 einem westdeutschen Kamerateam

Erstmals entstehen Filmaufnahmen im Stasi-Gefängnis Bautzen II, die am 11. Dezember in einem »ARD-Brennpunkt« im Fernsehen ausgestrahlt werden.

direct-tv

Personal 1990

Von 77 Bediensteten im September 1989 sind im November 1990 nur noch 43 in Bautzen II. Es gehen fast ausschließlich die höheren Offiziers- und Wachtmeisterdienstgrade. Zum Teil werden noch vor der Wiedervereinigung Bedienstete in den Vorruhestand geschickt. Das sächsische Justizministerium übernimmt am 3. Oktober 1990 automatisch alle aktiven Strafvollzugsbediensteten der DDR. Überprüfungen setzen 1991 nach der Verabschiedung des Stasi-Unterlagen-Gesetzes ein und führen zur Entlassung von 6 Bediensteten aus Bautzen II. Entlassungsgrund ist die nachgewiesene Tätigkeit für die Stasi. Es werden auch Kündigungen wegen mangelhafter Qualifikation ausgesprochen. Herausgehobene Funktionen in der SED (Parteisekretär) dagegen schließen ehemalige Bedienstete des DDR-Strafvollzugs lediglich von Führungspositionen im sächsischen Strafvollzug aus. Ihnen wird jedoch nicht gekündigt. In einigen Fällen gelingt es Gekündigten, sich wieder in den Dienst einzuklagen.

Zahlreiche Häftlinge erstatten Anzeige gegen Bedienstete in Bautzen II wegen erlittener Misshandlungen. Eine rechtskräftige Verurteilung aber ist nur dann möglich, wenn Tat und Täter zweifelsfrei durch Zeugenaussagen und Beweise festgestellt werden können. In den meisten Fällen gelingt das nicht. Zahlreiche Bedienstete aus Bautzen II profitieren von den strikten Regeln des Rechtsstaates. Nur in einem Fall kann ein früherer Stationsleiter von Bautzen II verurteilt werden.

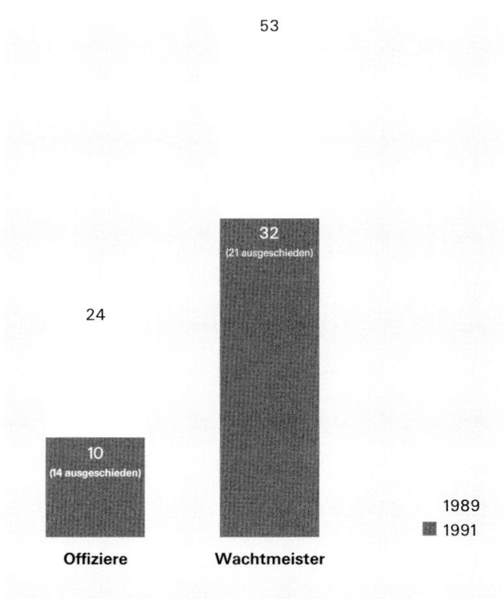

Personalbestand in Bautzen II, 1989 und 1991

Gedenkstätte Bautzen/SHStA Dresden

Das „Schweigelager" Bautzen II fand seine Sprache wieder

Gefangene setzen Hoffnungen auf Kohl-Besuch in Dresden

Hoffnung, Angst, Euphorie, Zweifel – hin- und hergerissen zwischen Aufstieg und Sturz, wirft ein streng organisierter Mechanismus seine untauglichen Schutzhüllen ab, sucht zerrend und voll Hast den Ausweg aus der Umklammerung der Isolation. Das „Schweigelager" Bautzen II hat seine Sprache wiedergefunden, und, kaum möchte man es fassen, sogar eine weitestgehend einheitliche zwischen Gefangenen und Anstaltsleitung. UNION konnte sich bei ihrem zweiten Besuch in der gerüchteumrankten Sonderhaftanstalt (über den ersten berichteten wir am 13. Dezember ausführlich auf Seite 3) davon überzeugen, daß ebenso wie der Gefangenenrat auch die Leitung hinter den Forderungen steht, einen Weg aus dem politischen Chaos zu finden und den hier einsitzenden „Politischen" einen Weg aus dem Vergessen in die Freiheit zu bahnen.

*

Donnerstag, 14. Dezember 1989. Der neutrale Vermittler, Dr. Hans Dietrich Streckfuß, dessen Engagement für Bautzen II es der Anstaltsleitung ermöglichte, den Forderungen der hier inhaftierten Männer und Frauen aus der DDR und der BRD so schnell und unbürokratisch wie möglich nachzukommen, hat einen neuen Gesprächstermin vereinbart. Selber Insasse von Bautzen II zwischen 1953 und 1961, ist natürlich sein Interesse an den Politischen und ihrer Zukunft besonders groß, versteht er doch besser als Außenstehende, was es heißt, einer politisch motivierten Strafjustiz in die Fänge zu geraten und unverhältnismäßig hohe Strafen zu verbüßen. Seine Verhandlungen Anfang Dezember mit dem Arzt der Strafanstalt, Dr. Hans-Georg Gerhard, zeitigten in der zustande gekommenen Sicherheitspartnerschaft zwischen Leitung und Inhaftierten begrüßenswerte Erfolge, um so mehr, als auch auf der Seite der Leitung ein Prozeß des Umdenkens in Gang gekommen ist.

*

Das gepanzerte Stahltor ist durchschritten, Oberstleutnant Horst Alex, der Anstaltsleiter, Major Gerhard Eckert, sein Stellvertreter, und der Arzt der Einrichtung, Dr. Gerhard, empfangen uns, freundlich und verbindlich, keine Zweifel daran lassend, wozu sie bereit sind: Offenheit.

Erstes Staunen bei der Klarlegung der Unterstellung. Bautzen II ist rein organisatorisch der BDVP Dresden angegliedert, wie jede andere Strafvollzugsanstalt. Wie wenig aber auch die eigenen Kollegen z. B. bei der K in dieser Hinsicht sicher waren, beweisen die Fragen bei kürzlichen ersten Kontakten: „Na, was seid'n ihr nun, Stasi oder nicht?"

Also keine Stasi. Aber unbestritten ist die Tatsache, daß hier politische Gefangene sitzen, deren Delikte in mehr oder weniger großem Umfang die Staatssicherheit berührten und die hier in Bautzen II zum Schweigen und Vergessenwerden verurteilt wurden. Die Stasi war präsent, erklärt Horst Alex, durch vorrangig einen Mitarbeiter, der direkt mit dem MfS in Kontakt stand und nur diesem über seine „Arbeit" hier rechenschaftspflichtig war.

Warum sie das als Leitung des Strafvollzuges widerstandslos hinnahmen? Hier kommt nicht der übliche Satz vom Befehlsempfänger, sondern: Der Leitung des Gefängnisses wurden aus der Zeit der U-Haft ihrer späteren Häftlinge lediglich die Paragraphen bekannt, gegen die sie nach Auffassung der Staatssicherheit verstoßen hatten, und das Strafmaß. Die mitgeschickten Akten enthielten weder Aussagen über den konkreten Fall noch über die Untersuchungen oder den Prozeß. Für sie als Leitung, so Oberstleutnant Alex, habe es de facto keinen Grund gegeben, an der Rechtmäßigkeit der Urteile zu zweifeln. Die angegebenen Strafparagraphen kennzeichneten, daß die Leute schwere Verbrechen begangen hatten (heute ist freilich zu prüfen, ob sie tatsächlich begangen wurden und inwieweit hier die Inhaftierten Opfer einer politischen Strafjustiz sind). Und so schien es denn notwendig, daß sich die Stasi auch hier weiter mit den Gefangenen beschäftigte ...

Erschreckend noch im nachhinein, wie perfekt dieser Staat im Staate seine Macht organisiert und wie selbstverständlich er sämtliche Organisationen unterlaufen hatte!

*

Von den 110 Insassen des Schweigelagers, die noch in der ersten Dezemberwoche mit ihrem Hungerstreik und der Arbeitsniederlegung die Mauer des Schweigens durchbrechen halfen, sind heute, am 14. Dezember, noch 93 da. 17 Entlassene, die unter die Amnestie fallen bzw. deren Urteile unverzüglich geprüft und für unrechtmäßig befunden wurden. Viele andere 349er, also jene, die eine Strafaussetzung auf Bewährung herbeisehnen, hoffen, Weihnachten bei ihren Familien verbringen zu können. Und die Gnadengesuche? Beim Gespräch mit den Vertretern des Gefangenenrates, Peter Naundorf (Sprecher), Rolf Brembach (BRD) und Helmut Christel, auch hier ein erster positiver Zwischenbescheid durch Oberstleutnant Alex: Das MdI teile mit, alle bei ihm eingegangenen Gnadengesuche würden unverzüglich bearbeitet. Zufriedenheit darüber ist in keinem der Gesichter zu lesen. Wieder Unverbindliches. Die Strafgefangenen des Schweigelagers wollen sich nicht mehr hinhalten lassen, sie bestehen auf konkreten Zusagen! Sie wollen raus, und sie wollen keinen Tag mehr zu lange damit warten müssen. Zu viele Jahre haben sie hier verbracht, verurteilt nach Paragraphen, für die die jetzige Zeit kein Verständnis mehr hat. Die politische Umorientierung muß und soll hineinreichen bis in die Gefängnisse, muß auch hinter Gittern und Mauern Unrecht beseitigen, wenn es schon nicht mehr wiedergutzumachen ist. Die brennende Ungeduld der Insassen von Bautzen II ist verständlich – ihr Termin, der 22. 12., der Tag, an dem Bautzen II nach ihren Vorstellungen leer sein soll, steht. Und: Auch die Leitung der Strafvollzugsanstalt setzt sich nach Kräften dafür ein, überall dort, wo die Untersuchung unrechtmäßig zustande gekommene Urteile feststellt bzw. überholte Paragraphen zur Anwendung kamen, schnellstens für die Entlassung zu sorgen.

Große Hoffnung setzen vor allem die bundesdeutschen Strafgefangenen, aber auch alle anderen wegen Spionage Verurteilten auf den Dresdenbesuch des Bundeskanzlers am heutigen 19. Dezember. Wenn politischer Haß ein Ende hat, wollen auch sie Gerechtigkeit. Und noch einen wichtigen Gedanken formuliert Peter Naundorf: Getreu ihrem nach wie vor uneingeschränkt geltenden Grundsatz „Keine Gewalt", rufen die Gefangenen alle Menschen „draußen" auf, nicht in die schlimmen Zeiten der Lynchjustiz zu verfallen und sich blind auf Uniformierte oder SED-Anhänger zu stürzen. Menschenjagden dürfen sich nie wiederholen!

*

Der Gang durch einen Teil des Gefängnisses liegt hinter uns. Trotz der Versicherung, hier vergleichsweise gute Haftbedingungen gesehen zu haben, gratuliere ich im stillen all jenen, die hier nicht durchgedreht sind und jetzt mit so viel Verantwortungsbewußtsein für ihre Rechte eintreten.

Was soll sich nach Meinung unserer drei Gegenüber künftig am Strafvollzug ändern? Von konkreten Vorstellungen war bereits in unserem letzten Beitrag einiges angeklungen. Ein gesellschaftlicher Beirat muß hier arbeiten, denn Transparenz und Offenheit sind unumgängliche Voraussetzungen dafür, daß die Bevölkerung wieder Vertrauen haben kann in die Rechtmäßigkeit dessen, was hier vor sich geht. Abschottung bietet immer Nährboden für Gerüchte – aus diesem Teufelskreis wolle man heraus, für immer!

Strafanstalten, da muß sich niemand etwas vormachen, sind in jedem Land sicher noch auf lange Sicht und Dauer nötig. Doch könne es künftig nicht mehr angehen, in Riesenanstalten auf engstem Raum jeweils zehn bis zwanzig Menschen zusammenzusperren, in Zellen, wo – sobald das Licht erlischt – nur noch die Gesetze des Stärkeren herrschen. Horst Alex und seine Mitarbeiter plädieren für kleinere Anstalten, in denen dem Leiter viel mehr Eigenständigkeit als bisher eingeräumt wird und in denen er die Gefangenen kennt, Einfluß nehmen kann. Anstalten wie Bautzen II hätten vergleichsweise gute Bedingungen, ein Grund auch, weswegen Suizidversuche hier prozentual weit unter denen „draußen" lägen, erklärt Dr. Gerhard.

Ob und was sich in allernächster Zeit für die Gefangenen und die Strafanstalten an sich tut, bleibt abzuwarten. UNION wird weiter berichten. **B. Stock**

Die Union, 19. Dezember 1989

Aufarbeitung

Im Januar 1990 gründen engagierte Bautzener Bürger die »Arbeitsgruppe Bautzen II«. Sie verfolgt einen karitativen Ansatz und setzt sich bis zum Oktober 1990 für eine Humanisierung des Strafvollzugs in Bautzen II ein. Bereits im März 1990 schließen sich ehemalige politische Häftlinge der beiden Bautzener Gefängnisse zum »Bautzen-Komitee« zusammen. Sie engagieren sich für die Schaffung einer Gedenkstätte und für die historische Aufarbeitung der politischen Haft in Bautzen. Im November 1990 findet das erste »Bautzen-Forum« statt. Das jährliche Treffen etabliert sich als Zusammenkunft ehemaliger Häftlinge und als Podium für die historische und politische Aufarbeitung der SBZ/DDR-Diktatur. Anfang 1992 wird das Gefängnis Bautzen II endgültig geschlossen. Seit 1994 ist es Gedenkstätte.

Literatur zu Bautzen II, 1959 bis 2006
Politische Haft in Bautzen II ist seit 1959 Gegenstand von Publikationen.
Nach der Friedlichen Revolution erfährt das Thema neuerlich großes Interesse.

Gedenkstätte Bautzen

Entschädigung

Ehemalige politische Häftlinge der DDR erhalten bis 1992 keine Entschädigungsleistungen für zu Unrecht erlittene Haft. Die Bundesrepublik Deutschland gewährt ihnen seit 1957 lediglich eine finanzielle Wiedereingliederungshilfe nach dem Häftlingshilfegesetz. 1992 verabschiedet der Bundestag das SED-Unrechtsbereinigungsgesetz. Ehemalige politische Häftlinge erhalten erstmals eine Haftentschädigung, um deren Höhe lange gerungen wird. Ab 2000 erhalten ehemalige DDR- und BRD-Bürger einheitlich 600 DM (306,78 €) pro erlittenen Haftmonat ausgezahlt. Außerdem wird die erlittene Haftzeit bei der Rentenanrechnung berücksichtigt. Im Juni 2007 beschließt der Bundestag ein Gesetz zur Zahlung einer Opferrente. Ehemalige politische Häftlinge, die mindestens sechs Monate in Haft waren und deren Einkommen unterhalb einer festgesetzten Grenze liegt, erhalten monatlich 250 €. Voraussetzung für die Zahlung der Entschädigung und der Opferrente ist die Aufhebung des DDR-Urteils durch ein Gericht.

Landgericht
Dresden

BSRH 0179/99
120 AR-R 164/99

Rechtskräftig seit dem 22.05.2000
Dresden, den 29. Mai 2000
Beauftr. Urkundsbeamter

BESCHLUSS

vom 22.05.2000

In der Rehabilitierungssache des Betroffenen

Rolf	**N e s c h e i d a**
geboren:	04.05.1951
wohnhaft:	42109 Wuppertal In den Siepen 35
wohnhaft z.Z.	der Verurteilung: Pesstalozzistr. 8, 8313 Dohna

hat die Kammer für Rehabilitierung des Landgerichts Dresden durch

Präsident des Landgerichts Scheffold
\- als Vorsitzender -

Richter am Landgericht Fiedler
Richter am Landgericht Scheuring
\- als beisitzende Richter -

nach Anhörung der Staatsanwaltschaft Dresden beschlossen:

Das Urteil des Kreisgerichts Dresden, Stadtbezirk Ost, vom 03.08.1988 - 37 S 254/88 - - wird für rechtsstaatswidrig erklärt und

a u f g e h o b e n .

Der Betroffene Rolf Nescheida ist damit

r e h a b i l i t i e r t .

Es wird festgestellt, daß der Betroffene vom 27.05.1988 bis 14.11.1989 zu Unrecht Freiheitsentzug erlitten hat.

Dem Betroffenen steht ein Anspruch auf Rückzahlung von ihm bezahlter Verfahrenskosten und notwendiger Auslagen zu.

Rehabilitierungsbeschluss, 2000
Das Landgericht Dresden erklärt das Urteil gegen Rolf Nescheida wegen »ungesetzlicher Verbindungsaufnahme« aus dem Jahr 1988 für rechtsstaatwidrig und hebt es auf.

Schenkung Rolf Nescheida

Historische Orte

Zwischen 1963 und 1989 nutzen drei hauptamtliche Mitarbeiter der Staatssicherheit die Büroräume im Hafthaus. Sie unterstehen nicht dem Leiter der Haftanstalt, sondern sind direkt an das Ministerium für Staatssicherheit in Berlin angebunden. Als »Offiziere für Sonderaufgaben« sind sie in Bautzen II stationiert, um die Gefangenen ins Visier zu nehmen. Sie überwachen die Häftlinge mit geheimpolizeilichen Methoden, forschen sie aus, bespitzeln, demoralisieren und isolieren sie. Die weit reichenden Befugnisse der Offiziere sind sowohl den Häftlingen als auch den Bediensteten bekannt. Zu Recht werden sie deshalb als die eigentlichen Leiter der Haftanstalt angesehen. Bis 1965 verrichten sie ihren Dienst in der Uniform der Volkspolizei. Da sie trotz dieses Tarnungsversuches stets als Stasi-Mitarbeiter erkannt werden, tragen sie fortan Zivilkleidung.

»Nach meiner Ankunft in Bautzen II kam ich zum ›Chef‹ von Bautzen II, dem MfS-Major mit Spitznamen Onkel. Wir benutzten Spitznamen, da wir andere nicht kannten. Er sagte, dass er und seine Leute die Abläufe bestimmen und keineswegs die ›Anstaltsorgane‹. Das seien nur ausführende Leute, die seiner Weisung unterstanden. Zur eigentlichen Leitung kam ich erst anschließend. Warum die sich Leitung nannte, ist ein ungeklärtes Rätsel. Zu entscheiden hatte diese Leitung vielleicht, wann die Weltrevolution stattfindet, oder wie der nächste Schichtplan aussieht.«

Winfried Christen, Häftling in Bautzen II, 1969 bis 1970

Büro der Stasi-Verbindungsoffiziere

Gedenkstätte Bautzen

Stasi in Bautzen II

Geheimpolizeiliche Aufsicht

In Bautzen II sind vor allem politische Häftlinge inhaftiert, die die Staatssicherheit als besonders staatsgefährdend einstuft. »Offiziere für Sonderaufgaben« gewährleisten den direkten Einfluss des MfS auf den Strafvollzug. Nach Gutdünken setzt die Stasi trotz der erfolgten Verurteilung der Häftlinge die Untersuchungen fort und ermittelt weitere Umstände der Straftat. Zudem bestimmen die Stasi-Offiziere die Haftbedingungen in Bautzen II.

Das MfS setzt für diese Sonderaufgaben seit 1963 erfahrene Vernehmer ein. Sie haben lange Jahre als Untersuchungsführer der MfS-Untersuchungsabteilung Ermittlungsverfahren gegen sogenannte Staatsverbrecher geleitet. Bautzen II ist die einzige DDR-Vollzugseinrichtung, in der die Untersuchungsabteilung des MfS, die Hauptabteilung IX, ständig präsent ist. Die Abteilung ist bei Verdacht auf politische Straftaten für Ermittlungen und Untersuchungen zuständig. Ihre Verantwortlichkeit endet eigentlich bereits vor den Toren der Gerichte. Aber in Bautzen II sichert sie sich auch während des Strafvollzugs den Zugriff auf bestimmte »Staatsfeinde«.

Neben der Untersuchungsabteilung ist eine weitere Abteilung des MfS in Bautzen tätig. Wie in allen anderen Gefängnissen der DDR auch liegt die Kontrolle und Überprüfung des Personals in den Händen der Abteilung VII, Abwehr. Sie überwacht alle Einrichtungen des Ministeriums des Innern. In Bautzen II überprüft sie die Bediensteten auf ihre politische und moralische Zuverlässigkeit. Die hauptamtlichen MfS-Mitarbeiter der Abteilung Abwehr unterstehen der Stasi-Bezirksverwaltung Dresden.

26

Bautzen, d. 26.5.72

Treffbericht

GMS Pexa am 26.5 in KW von 8^{45} - 10^{10} Uhr

BStU
000034

P berichtet mündlich:

Gen. ■■■ - bekommt Brot vom Gen. ■■■ StVA I Bautzen
StVA II Btz. in eingebackten Zustand. 2x durch Gen. ■■■ beim Essenholen aus der StVA I mitgebracht

Gen. ■■■ - Schwiegermutter erhält laufend Westpost u. Paket
KD Bautzen geschickt

Gen. ■■■ - seine Frau wollte unbedingt Pfingsten zu ihren Eltern
StVA II Btz. fahren um sich mit ihrer Schwester aus WD zu treffen. ■■■ habe dies abgelehnt, weil sie vor Jahren nicht zu seiner Hochzeit gekommen waren, obwohl sie eingeladen waren

Gen. ■■■ - fragt was soll ich denn machen wenn ich nach Hause komme
StVA II Btz. u. meine Schwiegerin aus WD ist plötzlich in der Wohnung. Briefverbindung muß durch Ehefrau bestehen

Gen. ■■■ - am 22.5.72 gegen 18^{00} stand ein PKW mit Westberliner Nr.
StVA II Btz. vor dessen Haus - ■■■ hatten die Pfingsten irgend eine Feier ob auch Westbesuch da war ist nicht bekannt.

Gen. ■■■ - die Gen. ■■■ als Verbindungsmann des MfS ausgegeben,
StVA II Btz. müsse Ermittlungen über seine Ehefrau einziehen.
■■■ war darüber empört

Gen. ■■■ - hält sich jetzt weniger bei den Gen. oben, sitzt im Zimmer neben
StVA II Btz. den Seiten Hof. ■■■

Spitzel-Bericht, 1972
Leonhard Pexa ist seit Februar 1967 Stationswachtmeister in Bautzen II. Er steht als Gesellschaftlicher Mitarbeiter für Sicherheit (GMS) inoffiziell im Dienst der Stasi und berichtet bereitwillig über seine Kollegen. Sein Führungsoffizier protokolliert die Hinweise.

BStU

Arbeitsmethoden der Stasi

Die in Bautzen II eingesetzten Offiziere der Hauptabteilung IX verpflichten Gefangene zur Zusammenarbeit. Gelockt durch Hafterleichterungen oder das Versprechen auf vorzeitige Entlassung erklären sich Häftlinge bereit, Mitinsassen zu bespitzeln. In der Sprache der Stasi heißen sie Zelleninformatoren. Die Stasi interessiert, was die Gefangenen politisch denken und wie ihre Einstellung zur DDR ist. 1984 sind zwanzig Gefangene vom MfS verpflichtet. Das entspricht einer Quote von über zehn Prozent.

Ein zweites Spitzelnetz führt die Abteilung VII unter den Bediensteten. Sie horchen ihre Kollegen und Vorgesetzten aus. Die meisten handeln aus politischer Überzeugung. Nur bei wenigen sind finanzielle Gründe oder Geltungsbedürfnis ausschlaggebend. Im April 1963 spitzeln acht Bedienstete für das MfS. Siebzehn Prozent des Personals stehen damit im Dienst der Stasi.

Auch die Spitzel werden bespitzelt. Die Stasi setzt Inoffizielle Mitarbeiter und Zelleninformatoren auf andere Zuträger an, um deren Aussagen und Verhalten auf Zuverlässigkeit zu prüfen. Untereinander haben sie keinerlei Kenntnis von ihrer jeweiligen Arbeit für das MfS. Vereinzelt sind in Bautzen II sogar Gefangene mit dem Aushorchen von Bediensteten beauftragt.

Zusätzlich hört die Stasi mit versteckten Mikrofonen und Kameras Gespräche in den Zellen ab, ebenso Unterhaltungen der Gefangenen mit Angehörigen, Anwälten und Diplomaten. Manche Gefangene sind immer wieder Vernehmungen ausgesetzt. Auch psychischen Terror nutzt das MfS, um Gefangene gezielt zu demoralisieren. Die Staatssicherheit beansprucht die totale Kontrolle.

1. Grundsätze der Arbeit mit ZI

1.1. ZI sind in erster Linie Untersuchungs- aber auch Strafgefangene, die sich aus unterschiedlichen, oft nur zeitweise wirkenden Motiven zur Zusammenarbeit mit dem Untersuchungsorgan des MfS bereit erklären, um zur Aufklärung von Straftaten anderer Mithäftlinge und weiterer politisch-operativ relevanter Fakten sowie zur Gewährleistung von Sicherheit und Ordnung in den UHA/dem HKH des MfS beizutragen.

1.2. Die grundsätzliche Aufgabenstellung der Zusammenarbeit mit ZI hat darin zu bestehen, zur Realisierung der dienstlichen Bestimmungen und Weisungen, insbesondere zur Durchsetzung der sozialistischen Gesetzlichkeit und der politisch-operativen Ziel- und Aufgabenstellung der Untersuchungstätigkeit, beizutragen, vor allem

- von Mithäftlingen möglichst frühzeitig Informationen zu erlangen über

  . Pläne, Absichten und Maßnahmen sowie über Mittel und Methoden feindlicher Zentren, Institutionen, Organisationen sowie feindlich-negativer Kräfte,

  . die objektiven Umstände vorbereiteter, versuchter und begangener Straftaten, insbesondere Staatsverbrechen, über Schuld und Täterpersönlichkeit sowie über Mittäter und Mitwisser,

  . vorzubeugende und zu beseitigende, vor allem aus Straftaten resultierende Gefahren und Folgen, straftatsbegünstigende Bedingungen sowie weitere Mängel und Mißstände,

  . die Vollständigkeit und Objektivität gemachter Aussagen,

  . weitere Möglichkeiten, Beweismittel zu erarbeiten und Überprüfungsmaßnahmen durchzuführen,

  . sonstige politisch-operativ bedeutsame Fakten,

- die Persönlichkeit von Mithäftlingen, ihr Aussage- und sonstiges Verhalten und deren Motivation weiter aufzuklären, die Reaktion auf einzelne Untersuchungshandlungen, besonders Beschuldigtenvernehmungen und Beweismittelvorhalte, festzustellen, um u. a. auf dieser Grundlage ein wirksames vernehmungstaktisches Vorgehen festlegen und realisieren zu können,

- die von Mithäftlingen ausgehenden Gefahren für den Verlauf des Strafverfahrens sowie für die Sicherheit und Ordnung in den UHA bzw. im HKH (u. a. Kontaktversuche, destruktives Verhalten, Provokationen) rechtzeitig zu erkennen und zu verhindern.

Richtlinie des MfS: Zur Arbeit mit Zelleninformatoren, 1981, Auszug

BStU

Stasi-Offiziere in Bautzen II

Hans Kempe

16. November 1921 geboren in Altenberg/Erzgebirge, Volksschule, Tischlerlehre **1941** Soldat der Wehrmacht **1945** Mitglied der KPD, später SED **1952** Eintritt in das MfS; Wachmann in der MfS-Bezirksverwaltung Dresden **1953** Untersuchungsführer in der MfS-Bezirksverwaltung Dresden (Abteilung IX); bearbeitet Spionagevorgänge **1954** dreimonatiger Vernehmerlehrgang **1955** Beförderung zum stellvertretenden Referatsleiter der Abteilung IX in Dresden **1963** Offizier für Sonderaufgaben in Bautzen II **1986** Rente **4. Januar 2006** gestorben in Bautzen

Hans Kempe um 1986, BStU

Günter Simon

25. Mai 1923 geboren in Görlitz, Volksschule, Schlosserlehre **1942** Soldat der Wehrmacht **1946** Eintritt in die Volkspolizei; Polizeibereitschaft Löbau **1946** Eintritt in die KPD, später SED **1947** Wechsel zur Kriminalpolizei Görlitz, Politische Abteilung **1949** Eintritt in das MfS; operativer Mitarbeiter der Kreisdienststelle Görlitz **1950** Untersuchungsführer im MfS (Hauptabteilung IX) in Ost-Berlin **1954** viermonatiger Qualifizierungslehrgang für Vernehmer **1954** Leiter der Abteilung IX in der MfS-Bezirksverwaltung Schwerin **1955** Leiter der Abteilung IX in der MfS-Bezirksverwaltung Dresden **1976** Offizier für Sonderaufgaben in Bautzen II **1979** Entlassung aus dem MfS aus gesundheitlichen Gründen **1979** sechsmonatiger Arbeitsvertrag als Offizier für Sonderaufgaben in Bautzen II **1980** Vorruhestand, lebt heute als Rentner in Dresden

Günter Simon um 1978, BStU

Rainer Steudtner

4. Oktober 1932 geboren in Pethau, Kreis Zittau, Volksschule, Tischlerlehre **1952** Eintritt in das MfS; Wachmann in der Kreisdienststelle Zittau **1952** einjähriger Grundlehrgang an der MfS-Schule Potsdam-Eiche **1953** operativer Mitarbeiter in der Kreisdienststelle Bautzen (Abteilung VII) **1955** Eintritt in die SED **1956** operativer Mitarbeiter in der MfS-Bezirksverwaltung Dresden (Abteilung VII); Einsatz in den Gefängnissen Bautzen I und Bautzen II **1963** Untersuchungsführer in der MfS-Bezirksverwaltung Dresden (Abteilung IX) **1965** Beförderung zum stellvertretenden Referatsleiter; bearbeitet Spionagevorgänge **1974** Referatsleiter; gegen »staatsfeindliche Gruppierungen« und »Schleuser« eingesetzt **1975** dreijähriges Fernstudium an der Juristischen Hochschule des MfS **1983** Offizier für Sonderaufgaben in Bautzen II **1989** im Zuge der Friedlichen Revolution vom Dienst suspendiert **1990** Entlassung
lebt heute als Rentner in Bautzen

Rainer Steudtner um 1970, BStU

Hauptabteilung IX/AKG
Bereich Koordinierung

Berlin, 16. Sept. 1986

BStU
000193

Beurteilung

des Genossen Major

K e m p e , Hans
geb. am 16. 11. 1921
Offizier für Sonderaufgaben
MfS seit 1952
SED seit 1. 12. 1945 (KPD)
letzte Beurteilung vom 22. 12. 1981

Als es sich 1963 erforderlich machte, die politisch-operative Abwehrarbeit unter den Strafgefangenen der StVE Bautzen II entsprechend den besonderen Bedingungen dieser Einrichtung quantitativ und qualitativ zu erhöhen, wurde Gen. Kempe mit der Lösung dieser komplizierten Aufgabe betraut. Ausschlaggebend für seinen Einsatz waren die bei ihm vorhandenen Erfahrungen in der Untersuchungsarbeit, seine Eigeninitiative, Standhaftigkeit und Gewissenhaftigkeit, seine Menschenkenntnis und die Fähigkeit, seine Aufgaben schwerpunktmäßig und zielstrebig zu erfüllen.
Durch sein aktives und umsichtiges Handeln als Offizier für Sonderaufgaben hat Gen. Kempe einen wesentlichen Anteil an der kontinuierlichen Entwicklung und Festigung von Sicherheit und Ordnung in der StVE Bautzen II und der konsequenten Durchsetzung und Verwirklichung der politisch-operativen Aufgaben in voller Übereinstimmung mit dem Strafvollzugsgesetz.
Mit großer Intensität arbeitete Gen. Kempe ständig an der vorbeugenden Verhinderung von Versuchen feindlich-negativer Personen und Einrichtungen im Operationsgebiet zur Erlangung von bedeutsamen Informationen über die StVE Bautzen II sowie an der Aufklärung und Zerschlagung von illegalen Verbindungen zwischen den Strafgefangenen und zu Personen außerhalb der Einrichtung. Dabei festgestellte Mängel und begünstigende Bedingungen wurden von Gen. Kempe in kameradschaftlicher Weise mit der Leitung der StVE Bautzen II ausgewertet, und es wurden gemeinsame Maßnahmen zur Überwindung festgelegt.

Beurteilung, 1986, Auszug
Das MfS lobt die Einsatzbereitschaft des Offiziers für Sonderaufgaben, Hans Kempe.

BStU

BStU
000258

Aufgabenstellung

für den Einsatz des Gen. Simon in der StVE Bautzen II

Innerhalb des befristeten Arbeitsvertrages sollen Gen. Simon folgende Aufgaben zur eigenverantwortlichen Lösung übertragen werden.

1. Einsatz der operativ-technischen Mittel zur Kontrolle ausgewählter Strafgefangener bei der Besuchsdurchführung mit Angehörigen und anderen außenstehenden Personen.

2. Einsatz der operativ-technischen Mittel zur Überwachung von Mitarbeitern diplomatischer Einrichtungen während ihres Aufenthaltes in der StVE Bautzen II.

3. Abstimmung der geplanten Besuchstermine von Mitarbeitern diplomatischer Einrichtungen mit dem zuständigen SV-Angehörigen der StVE Bautzen II und der KD Bautzen.

4. Physikalische Untersuchung des ein- und ausgehenden Brief- und Paketverkehrs ausgewählter Strafgefangener auf Geheimschrift sowie Durchführung stichprobenartiger Kontrollen bei anderen Strafgefangenen.

5. Sichtung des ein- und ausgehenden Briefverkehrs der in dieser Hinsicht unter Kontrolle stehenden Strafgefangenen sowie Anfertigung von Kopien des gesichteten Materials.

6. Einsatz der operativen Technik zur Überwachung von Strafgefangenen in Verwahrräumen und erforderliche Auswertung.

7. Durchführung stichprobenartiger Video-Kontrollen über die im Sicherungsbereich I untergebrachten Strafgefangenen.

8. Aufbereitung der aus dem Einsatz der operativen Technik gewonnenen Informationen zur Unterstützung der politisch-operativen Aufgaben.

Anlage zum Arbeitsvertrag von Günter Simon, 1979, Auszug

BStU

Eidesstattliche Verpflichtung.

BStU 000164

Ich

Steudtner, Rainer

geb. am 4.10.1932 in Pethau Kr. Zittau

verpflichte mich zum Dienst in das Ministerium für Staatssicherheit, in der Erkenntnis, daß dieses Ministerium in der Deutschen Demokratischen Republik geschaffen wurde, um die Interessen der Werktätigen vor faschistischen, reaktionären und anderen feindlichen und verbrecherischen Elementen zu schützen, daß es berufen ist, ein zuverlässiges Bollwerk der demokratischen Entwicklung sowohl in der Deutschen Demokratischen Republik als auch im Kampf um ein einiges demokratisches Deutschland zu sein.

Ich gelobe an Eidesstatt:
der werktätigen Bevölkerung ergeben zu sein, die ehrenvollen Pflichten des Ministeriums ehrlich zu erfüllen, entsprechend der demokratischen Gesetzlichkeit die öffentliche Ordnung, die Rechte der Bürger, ihr persönliches und das Volkseigentum zu schützen.

Ich gelobe, mich diszipliniert zu betragen, alle mir gestellten Aufgaben gewissenhaft zu erfüllen, über meine Dienstaufgaben, über meine Dienststelle und über meine Tätigkeit zu schweigen, anderen Personen oder Behörden oder sonstigen Stellen weder mündlich noch schriftlich noch in irgend einer anderen Form oder Art davon Kenntnis zu geben.

Ich bin mir vollkommen bewußt, daß dieses Verbot sich auch auf meine engsten Familienangehörigen bezieht und daß sie ebenso wie ich durch einen von mir hervorgerufenen Vertrauensbruch zur Verantwortung gezogen werden. Diese Verpflichtung besteht auch nach meinem eventuellen Ausscheiden aus dem Dienst des Ministeriums.

Ich bin mir dessen bewußt, daß meine Aufnahme in das Ministerium für Staatssicherheit eine besondere Ehre ist. Ich konnte für diese Tätigkeit nur vorgeschlagen werden, weil ich bisher das Vertrauen meiner Organisation besitze.

Eidesstattliche Verpflichtung, 1952
Beim Eintritt in das MfS verpflichtet sich Rainer Steudtner im Januar 1952, »die Interessen der Werktätigen vor faschistischen, reaktionären und anderen feindlichen und verbrecherischen Elementen zu schützen«.

BStU

Spitzelbericht eines Häftlings über seine Mitgefangenen
Tonbandprotokoll des MfS, 1976, Auszug
BStU

»Des weiteren haben wir draußen in den Freizellen bestimmte Örtlichkeiten gewählt, wo wir eine Art TBK [Toten Briefkasten] haben, das heißt, wir lassen dort, wir deponieren dort Briefe, wo keine direkten Namen und so weiter, sondern nur Fakten erwähnt werden in entsprechenden Glasröhrchen oder was, das sie einigermaßen witterungsbeständig aufgehoben sind und machen diese Sache kenntlich, indem wir die roten Ziegelmehlteile von Ziegelstücken entweder breittreten beziehungsweise an den Steinplatten ritzen, so dass ungefähr fünf, fünf bis zehn Zentimeter davon dann die TBK-Röhre versteckt ist. Diese Möglichkeit ist in allen Freizellen, die von mir zugänglich sind, benutzt worden und wird so ohne vorherige Benachrichtigung ausgeführt.«

Einschüchterung eines Gefangenen durch einen MfS-Mitarbeiter
Abhörband des MfS, 1982, Auszug
BStU

Standard: MfS-Mitarbeiter
Kursiv: Gefangener

»Ich hab nicht vor, das MfS auszutricksen«
»Das haben schon viele versucht«.
»Ne, das würde ich auch nie machen. Ich weiß ja, dass das einer der besten Geheimdienste der Welt ist, doch, das weiß ich ja. Das habe ich auch schon so eingeschätzt. Das habe ich ja vorher auch schon gewusst. Und das jede Abteilung schon die Kanonen hat, ich meine, die guten Leute, das weiß ich auch. Aber so interessant bin ich ja nicht, dass man große Kanonen hier bei mir ansetzen muss. Ich weiß schon, ich soll meinen Mund halten und ist gut. Und ins Handwerk pfuschen wollte ich Ihnen sowieso nicht. Na ja, ich mein…«
»Sie brauchen nicht den Mund zu halten. Ich meine, die Gerüchteverbreitung, das sollen Sie lassen. Wenn Sie was zu sagen haben, Ihre Meinung, Ihre Kritik anbringen, nicht das Sie rausgehen und sagen, die haben mir verboten zu sprechen, ich soll meinen Mund halten. Verstehen Sie das ja nicht falsch.«

Abhörzelle

Zelle 30 ist einer von mindestens neun Hafträumen in Bautzen II, in dem die Staatssicherheit in den achtziger Jahren Abhörmikrofone in den Wänden versteckt. Durch Auswertung erhalten gebliebener MfS-Akten und anschließender Suche im Mauerwerk können 2004 zwei »Wanzen« gefunden werden.

»Wir haben immer vermutet, dass wir irgendwie auch abgehört werden. Vor allem bei den Besuchen, aber auch sonst, aber natürlich wusste keiner was Genaues. So ein Gefühl war immer da.«

Thomas Raufeisen, Häftling in Bautzen II, 1982 bis 1984

Abhören in Bautzen II

Abhörtechnik

Die in Zelle 30 gefundenen Wanzen sind so genannte dynamische Kapseln, die als Mikrofon ebenso verwendet werden können wie als Lautsprecher. Sie sind über ein Kabel mit einem Kontrollraum verbunden, in dem die mit der Wanze abgehörten Gespräche aufgezeichnet werden. Das Baujahr der Kapsel ist 1983. Ursprünglich werden derartige Mikrofone für Feldtelefone der Nationalen Volksarmee verwendet. Sie sind eine seit 1965 hergestellte, langjährig erprobte Standardtechnik, die sich auch die Staatssicherheit zunutze macht.

Installation

Die Installation der Kapsel ist relativ aufwendig. Es werden jeweils zwei Mikrofone in der Wand versteckt, um eine bessere Aufnahmequalität zu erreichen. Aus Gründen der Tarnung müssen Mikrofone und Kabelstränge unter Putz verlegt werden. Ganze Flurstücke werden renoviert, um den Einbau der Wanzen zu vertuschen und gegenüber den Gefangenen kein Misstrauen zu erwecken. Jeweils drei Zellen auf drei übereinander liegenden Stockwerken werden verkabelt.

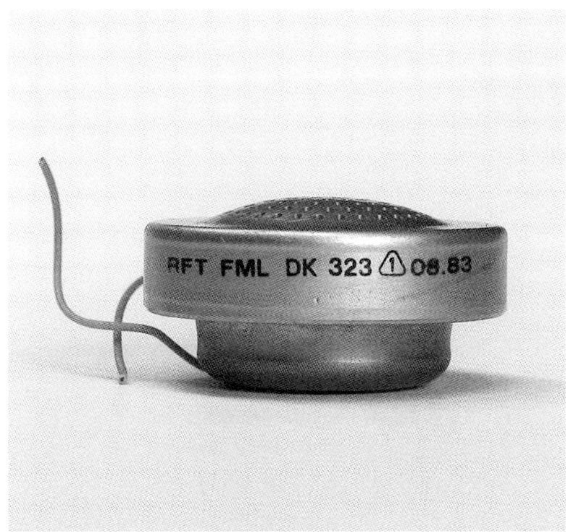

RFT	Rundfunk- und Fernmeldetechnik
FML	Fernmeldewerk Leipzig
DK	Dynamische Kapsel
323	Typenbezeichnung
⚠1	Güteklasse 1
08.83	Herstellungsdatum August 1983

links: **Zelle 30 mit freigelegten Abhörmikrofonen**

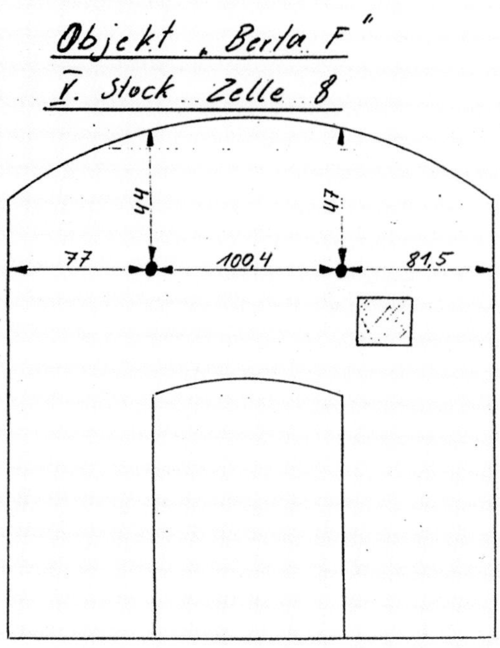

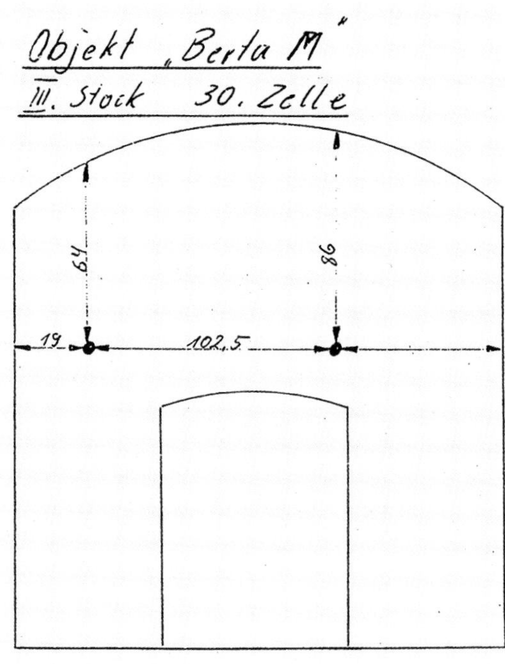

Bauanleitung für den Einbau von Wanzen, 1980er Jahre

BStU

Auftraggeber

Auftraggeber für den Einbau versteckter Mikrofone in Zellen ist die Untersuchungsabteilung der Staatssicherheit. Sie darf nach den Statuten der Stasi mit allen zur Verfügung stehenden technischen Mitteln Personen überwachen. Eine richterliche Genehmigung ist nicht notwendig. Die Verkabelung der Zellen ist mit dem Leiter von Bautzen II bzw. der Abteilung Strafvollzug nicht abgesprochen. Lediglich eine formalisierte Anweisung der Stasi zum »Einbau operativer Technik« ist überliefert.

Ziele der Staatssicherheit

Neben der in Gefängnissen üblichen, aber letztlich sichtbaren Kontrolle wird von der Staatssicherheit mit erheblichem Aufwand versteckte Überwachungstechnik eingesetzt. Alles dient dazu, die Gefangenen »operativ zu bearbeiten«. Sie werden komplett ausgehorcht. Wissen über persönliche Dinge kann dazu verwendet werden, einen Gefangenen psychisch zu destabilisieren und damit seinen Widerstand in der Haft zu brechen. Oder die Informationen werden als Druckmittel genutzt, um während oder nach der Haft eine Zusammenarbeit mit der Staatssicherheit zu erzwingen. Mitunter will die Staatssicherheit auch Informationen aushorchen, an die sie durch Verhöre nicht herankommt. Die Ziele der »operativen Arbeit« sind vielfältig. Sie werden von der Staatssicherheit für jeden Häftling individuell festgelegt. Der Strafvollzug hat damit nichts zu tun.

Isolationstrakt

Im März 1979 wird neben den bereits bestehenden Isolationsbereichen eigens für den prominenten Gefangenen Rudolf Bahro ein streng abgetrennter Flur eingerichtet. Bahro war es gelungen, heimlich Briefe aus Bautzen II in den Westen zu übermitteln. Die Staatssicherheit erarbeitet eine Sicherheitskonzeption, um jegliche Kontakte zur Außenwelt zu unterbinden. Sie legt den Einbau zusätzlicher Türen, das Auswechseln der Fensterscheiben mit undurchsichtigem Milchglas, die Installierung von Fernsehkameras, Sonderregeln für den Hofgang und den Arbeitseinsatz auf dem Flur fest. Nur bestimmtes Personal erhält Zutritt.

Nach der Entlassung Bahros kommen in den Trakt Häftlinge, deren Verbrechen als besonders schwerwiegend gelten. Die dauerhafte Isolation widerspricht dem Strafvollzugsgesetz der DDR. Die übrigen Häftlinge des Hauses erfahren immer wieder durch geheime Nachrichten die Namen und Schicksale der hier Inhaftierten. Die Auflösung der unrechtmäßigen Isolationshaft gehört zu den ersten Forderungen der Häftlinge gegenüber der Gefängnisleitung im Herbst 1989.

»(1) Sicherungsmaßnahmen gegen Strafgefangene dürfen nur angewandt werden, wenn sie zur Verhinderung eines körperlichen Angriffs auf Strafvollzugsangehörige, anderen Personen oder Strafgefangene, einer Flucht sowie zur Aufrechterhaltung der Sicherheit und zur Verhinderung eines Angriffs eines Strafgefangenen auf das eigene Leben erforderlich ist.
(2) Die Anwendung von Sicherungsmaßnahmen darf den Grad der Gefährlichkeit des Anlasses nicht übersteigen und nur solange andauern, bis der Zweck der Maßnahme erreicht ist.«

Auszug aus dem Strafvollzugsgesetz der DDR 1977, §33 »Sicherungsmaßnahmen«

Zugang zum Isolationstrakt

Gedenkstätte Bautzen

Arrestzellen

Die schärfste Form der Bestrafung bei Verstößen gegen die Hausordnung ist der Arrest. Der Gefangene kommt für maximal 21 Tage in eine Arrestzelle. Er ist vom Post- und Besuchsempfang und allen Freizeitaktivitäten ausgeschlossen. Bis 1977 wird auch verschärfter Arrest verhängt, bei dem es keine Decken und reduziertes Essen gibt. Zusätzlich können dem Gefangenen Handschellen angelegt werden. Die Häftlinge nennen die Arrestzellen »Tigerkäfige«. Eine Gittertür halbiert die Zelle und verhindert den Zugang zur Toilette. Die Pritsche kann nur von außen heruntergeklappt werden.

»Mir hat keiner mit dem Gummiknüppel einen auf den Latz gehauen, die haben was viel Feineres gemacht: Die haben mich in dem ›Tigerkäfig‹ mit einem Fuß und einer Hand angekettet. Und wenn ich zur Toilette wollte, dann habe ich mich einkoten und einnässen müssen. Und nach ungefähr eineinhalb Stunden kam einer und sagte: ›Sie sind ein großes Schwein. Was haben Sie da wieder gemacht?‹ Und das haben sie zwanzig Tage lang gemacht. Es gibt Experten, die sagen, das hat doch mit Folter nichts zu tun. Ich meine, das ist die subtilste Form, einen Menschen in seiner Substanz zu zerstören.«

Werner König, Häftling in Bautzen II, 1981 bis 1983

Arrestzelle

Gedenkstätte Bautzen

Disziplinierung in Bautzen II

Erziehungs-Strafvollzug

Der Strafvollzug der DDR versteht sich als Erziehungs-Strafvollzug. Für die Bediensteten sind Strafen und Belobigungen Mittel zur Durchsetzung der Vollzugsziele. Bei regelwidrigem Verhalten soll Bestrafung eine Anpassung bewirken, Lob angepasstes Verhalten fördern. Die zahlreichen Bediensteten kontrollieren und überwachen die Häftlinge ständig. Auch geringfügige Verstöße gegen den militärisch durchorganisierten Haftalltag können geahndet werden. Einzig die Bediensteten entscheiden über das Strafmaß. Für die Häftlinge gibt es keine wirksame Möglichkeit der Beschwerde.

Strafen

In Bautzen II gibt es abgestufte Formen der Bestrafung. Sie reichen vom Tadel über die Einschränkung von Vergünstigungen bis hin zum Arrest als schärfste Strafform. Ein Fünftel der verhängten Strafen in Bautzen II sind Arreststrafen. Die am häufigsten verhängte Strafe ist das Streichen von Vergünstigungen. Dazu gehören der Ausschluss von Fernsehen und Kino, der Einzug von Gegenständen (Karten- und Brettspiele, Bücher, Handarbeiten), das Herabsetzen der Einkaufsmöglichkeiten bis hin zur Post- und Besuchssperre.

Strafgründe sind vor allem »Verstoß gegen die Disziplin und Ordnung«, »provozierendes Verhalten«, »Gehorsamsverweigerung«, »Beleidigung« oder »Diskriminierung des Strafvollzugs«. Zumeist sind es Äußerungen der Gefangenen, die sich auf das Verhalten einzelner Bediensteter oder die Zustände im Gefängnis beziehen. Vielfach gibt es auch Strafen wegen verbotener Kontaktaufnahme zu Mithäftlingen anderer Haftgruppen durch Winken, kurze Gespräche im Vorbeigehen oder heimliche schriftliche Botschaften. Ebenso sind Arbeitsverweigerung und Hungerstreik Grund für eine Strafe. Solche Handlungen werden als Protest und Widerstand gewertet.

Verwahrraum II/ 35 Arrest

zuverlegt				Verlegung		
Datum	Uhrzeit	Name, Vorname	geb:	Datum	VR-Nr./wohin	Uhrzeit
15.03.86	17.25	███, Frank	09.08.54	25.03.86	V/18	12^{30}
08.04.86	16.00	███, Olaf	01.11.65	16.04.86	II/34	11.35
26.04.86	12^{00}	███, Ronald	30.10.58	30.6.86	IV/36	18^{00}
02.7.86	13^{00}	W███, Peter	16.10.64	7.8.86	II/33	13^{00}
7.8.86	13^{30}	███, Norbert	16.03.48	11.08.86	HKA Btz. I	11^{25}
15.8.86	10^{35}	███, Norbert	16.03.48	19.08.86	IV/29	13^{00}
29.08.86	09^{30}	███, H.-E.	02.06.38	02.9.86	VI/36	15^{30}
26.09.86	13^{30}	███, Hans	20.09.56	27.09.86	IV/13	10^{00}
25.12.86	09^{50}	███, Horst	03.10.37	30.12.86	nach III/23	14^{25}
06.02.87	09^{50}	███, Andreas	07.10.63	06.02.87	nach V/34	10^{50}
11.02.87	09^{00}	███, Hans	20.09.56	14.02.87	nach III/28	10^{40}
14.02.87	10^{40}	███, Heinz	01.09.58	20.2.87	" II/34	16^{00}
13.3.87	13^{30}	███, Dieter	27.2.43	02.04.87	nach II/34	13^{00}

Verwahrraum II/ 33 Arrest

zuverlegt				Verlegung		
Datum	Uhrzeit	Name, Vorname	geb:	Datum	Uhrzeit	VR-Nr./wohin
7.8.86	13^{30}	W███, Peter	16.10.64	28.8.86	13^{00}	IV/29
28.8.86	15^{45}	███, H.-E.	2.6.38	29.08.86	09^{30}	II/35
29.08.86	09^{30}	███, H.-E.	2.6.38	02.09.86	15^{30}	V/36
01.10.86	15^{50}	███, Horst	03.10.37	02.10.86	14^{00}	I/34
12.12.86	16^{00}	███, Hans-Joachim	24.06.47	17.12.86	11^{30}	IV/37
02.01.87	10^{15}	███, Frank	04.12.61	05.01.87	10^{15}	II/27
27.01.87	14^{30}	███, Torsten	14.08.65	17.2.87	14^{45}	IV/18
9.3.87	14^{35}	███, Hans-J.	29.2.40	14.03.87	09^{30}	II/34
31.03.87	15^{00}	███, Frank	12.10.53	07.04.87	14^{45}	III/27
10.4.87	15^{10}	███, Ennico	25.05.64	20.04.87	15^{10}	III/26
11.05.87	15^{20}	███, Frank	09.08.54	19.05.87	07^{35}	V/18
22.05.87	[illegible]	███, Jörg	20.03.66	25.05.87	08^{05}	II/14
12.6.87	18^{35}	███, Bernd	22.3.39	20.06.87	14^{35}	I/36

Umschlusskartei für die Arrestzellen II/33 und II/35, 1986

Bei zwei aufeinanderfolgenden Arreststrafen muss offiziell eine Unterbrechung von mindestens sieben Tagen gewährleistet sein. Die Höchstdauer von insgesamt 21 Tagen darf nicht überschritten werden. Mehrfach missachten die Bediensteten in Bautzen II beide gesetzlichen Regelungen.

Peter W. ist vom 2.7. bis 7.8.1986 in der Arrestzelle II/35 inhaftiert. Von dort wird er direkt in die Zelle II/33 verlegt, in der er noch bis 28.8.1986 arretiert ist. Insgesamt ist Peter W. 57 Tage ohne Unterbrechung im Arrest.

Gedenkstätte Bautzen

Belohnung
Als Instrument des Erziehungs-Strafvollzugs gibt es auch Vergünstigungen. Dazu zählen Belobigungen, die Gewährung zusätzlicher Besuchstermine, extra Paketempfang, Erhöhung des Verfügungssatzes für den Einkauf, Verlängerung des Hofgangs oder ein eigenes Fernsehgerät auf der Zelle. Belohnungen werden für gute Arbeitsleistungen vergeben.

Selbstbehauptung und Anpassung
Die Bewältigung des Haftalltags in Bautzen II ist für die Häftlinge eine Gratwanderung zwischen Anpassung an die schikanösen Regeln des DDR-Strafvollzugs und individueller Selbstbehauptung. Viele Gefangene fügen sich dem einengenden Regelwerk nicht und wagen trotz drohender Strafe Widerworte, Verweigerungen oder illegale Kontaktaufnahmen. Andere passen sich dem System an, um sich nicht im ständigen Konflikt mit den Bediensteten aufzureiben oder den Verlust der wenigen Hafterleichterungen zu riskieren.

Besucherzimmer

Die Besucherzellen sind bis 1978 im Eingangsbereich des Hafthauses untergebracht. Nach Anbau des neuen Verwaltungstrakts finden die Besuche in den neuen Besucherzimmern im Verwaltungstrakt statt.

Die Häftlinge dürfen alle drei Monate für dreißig Minuten Angehörige treffen. Während des Besuchs sind nur Themen wie »familiäre, verwandtschaftliche und gesellschaftliche Probleme« gestattet. Es ist streng untersagt, über die Hintergründe ihrer Verurteilung und den Haftalltag zu sprechen. Während der Besuchszeit sitzen der Häftling und sein Besuch jeweils an den Enden eines Tisches, der durch eine ca. 25 cm hohe Barriere geteilt ist. Lediglich zur Begrüßung oder Verabschiedung ist ein Handschlag gestattet, Umarmungen sind verboten. Es ist ständig ein Bediensteter im Raum, der das Gespräch überwacht. Auf diese Weise soll jeder unerlaubte Kontakt unterbunden werden. Mit der Einführung des neuen Strafvollzugsgesetzes 1977 dürfen Häftlinge alle zwei Monate Besuch empfangen. Der Ablauf der Besuche ändert sich aber nicht.

»Man hat von Besuch zu Besuch gelebt, von einem Vierteljahr zu einem Vierteljahr. Genau alle Vierteljahre war meine Frau hier, das war jedes Mal ein Höhepunkt im Häftlingsleben – und Briefe schreiben und empfangen, eben alles das, was Verbindung zum normalen Leben und Kontakt zur Außenwelt war.«

Günter Heinrich, Häftling in Bautzen II von 1966 bis 1969

Besucherzimmer

Gedenkstätte Bautzen

Anordnungen für den Empfänger

Straf- und Untersuchungsgefangene dürfen alle 4 Wochen einmal Post empfangen, die in gut lesbarer Schrift gehalten sein muß. Fotos, sonstige Bilder, Postwertzeichen und dgl. sind nicht beizulegen.

Postgebühren sind auf das Konto Nr. .... bei der DNB in .... zu überweisen. Dabei ist anzugeben, für wen der Betrag bestimmt ist.

Bautzen, den 9. November 1956

Meine Lieben –! Ich erhielt von Euch noch keine Post wieder, und da ich folglich auf keine Fragen zu antworten brauche, will ich diesmal Euch allen gemeinsam schreiben – zumal ich Euch diesmal schreiben will, [illegible] worüber ich eigentlich schon lange schreiben wollte und was Euch alle sozusagen gemeinsam angeht (auch Mutti übrigens, wenn sie wieder bei Euch ist!) –: Darüber nämlich, daß ich nie besucht sein will, solange ich in diesem Zuchthaus bin! Ich bitte Euch dafür um Verständnis! Glaubt nicht etwa, ich hätte keine Sehnsucht – oh, jeden Tag und jede Stunde quält mich tiefe Sehnsucht, Sehnsucht nach Euch und Sehnsucht nach meiner geliebten journalistischen Arbeit und Sehnsucht nach Freiheit! Indessen bedenkt das eine –: nach so schweren Erschütterungen, wie sie hinter mir liegen, kann ein Wiedersehen beinahe so schlimm sein wie ein Abschied. Und ein Mensch kann leicht schwach werden, wenn seine Seele blutet. Und eben das will ich gemieden wissen unter fremden Augen. Und darum bitte ich Euch alle, so wie ich in strenger Selbstdisziplin und zäher, stoischer Geduld einem Wiedersehen entgegenzuwarten, da ich wieder frei bin und in Freiheit! Das wird nicht immer leicht sein – aber leichter jedenfalls als ein nach Minuten berechnetes Wiedersehen hinter eisernen Gittern, das den Schmerz der Trennung ein jedes Mal neu gebiert. Und Härte gegen sich selbst auf diese Weise ist doch [illegible] große Milde gegen sich selbst auf andere Weise! Denkt einmal darüber nach … Dies zum einen – und zum anderen seid gerade in diesen bewegten Wochen abermals versichert, daß es mir gesundheitlich gut und überhaupt gar nicht so übel ergeht. Die Behandlung durch die Polizei ist erstaunlich human und fair – irgendwelche Sorgen waren völlig ohne Grund! Dies von hier und heute. Grüßt mir Mutti recht lieb, vergeßt Familie [illegible] nicht herzlich zu grüßen – Euch dreien aber alles Liebe, Gute, Schöne! Euer K.W.

Anschrift in Blockschrift schreiben!

SV 38 (87/11) 333/1874 2. 54 Ag 75/54

Brief aus der Haft, 1956
Karl Wilhelm Fricke, inhaftiert von 1956 bis 1959, darf seinen Angehörigen auf einem Briefvordruck einmal im Monat 20 Zeilen schreiben.

Privatbesitz Karl Wilhelm Fricke

Kontakte zur Außenwelt

Briefe und Pakete

In der Hausordnung von Bautzen II 1957 ist festgelegt, dass Strafgefangene monatlich einmal einen Brief schreiben und empfangen können. Erst mit Einführung des neuen Strafvollzugsgesetzes 1977 werden drei Briefe gestattet. Die Länge ist vorgeschrieben. Bis Ende der sechziger Jahre darf nur ein Briefvordruck mit 20 Zeilen verwendet werden. Danach ist ein zweiseitig beschriebenes DIN A4-Blatt gestattet. Die Briefe sowie mitgeschickte Bilder und Fotografien müssen nach einem Monat entweder vernichtet oder zu den weggeschlossenen persönlichen Dingen des Häftlings, den sogenannten Effekten, gegeben werden. Angehörige dürfen einmal im Quartal ein Paket mit Lebensmitteln und Zigaretten schicken. Das Recht auf Außenkontakte kann nach Maßgabe der Gefängnisleitung bei Verstößen gegen die Hausordnung entzogen werden.

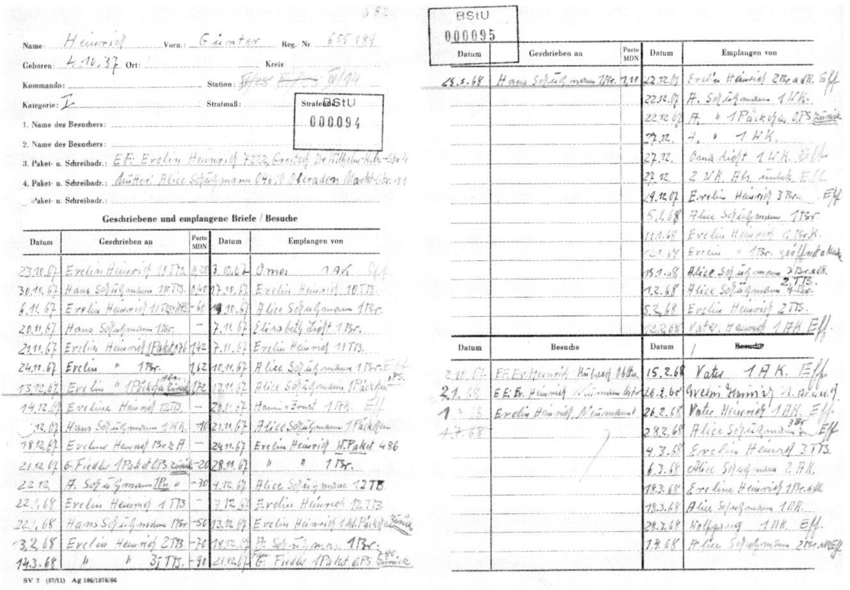

Nachweiskarte über den Briefwechsel von Günter Heinrich, Häftling in Bautzen II, 1966 bis 1969
Heinrich darf nur seiner Ehefrau und seiner Mutter schreiben.
Die Abkürzungen bedeuten:

TB – Terminbrief, **AK** – Ansichtskarte, **WK** – Weihnachtskarte,
Eff. – Effekten, **ohne PS** – ohne Paketschein.

Nicht genehmigte Pakete werden an den Absender zurückgeschickt,

BStU

Besuche

Besuchszeiten müssen von den Familienangehörigen beantragt und von der Leitung der Haftanstalt genehmigt werden. Ausschließlich nahen Verwandten ist der Besuch gestattet. Kinder unter sechzehn Jahren dürfen die Haftanstalt nicht betreten. Inhaftierte Eltern können mit ihren minderjährigen Kindern nur über Briefe in Verbindung bleiben.

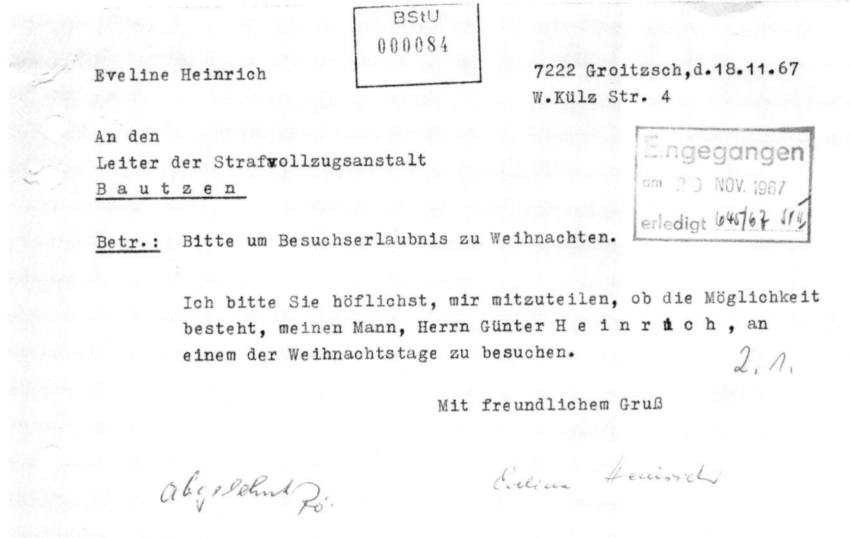

BStU
000084

Eveline Heinrich

7222 Groitzsch,d.18.11.67
W.Külz Str. 4

An den
Leiter der Strafvollzugsanstalt
B a u t z e n

Eingegangen am 20 NOV. 1967 erledigt 645/67

Betr.: Bitte um Besuchserlaubnis zu Weihnachten.

Ich bitte Sie höflichst, mir mitzuteilen, ob die Möglichkeit besteht, meinen Mann, Herrn Günter H e i n r i c h , an einem der Weihnachtstage zu besuchen.

2.1.

Mit freundlichem Gruß

abgelehnt Rö.

Eveline Heinrich

Gesuch um Besuchserlaubnis, 1967
Die Anfrage von Eveline Heinrich wird ohne Begründung abgelehnt.
Handschriftlich wird der nächste Besuchstermin am 2.1.1968
auf das Schreiben eingetragen.

BStU

Kontrolle

Die ein- und ausgehende Post wird zensiert und bei unzulässigen Inhalten nicht ausgehändigt bzw. abgeschickt. Pakete und bei Besuchen mitgebrachte Geschenke werden ebenfalls strengen Kontrollen unterzogen. Viele ehemalige Häftlinge berichten, dass dabei Lebensmittel wie Kuchen oder Wurstwaren bewusst ruiniert werden. In den achtziger Jahren werden Pakete mit einem Röntgenapparat auf ihren Inhalt überprüft. Die Mitarbeiter des MfS überwachen die Post und die Besuche. In den Besucherzimmern werden Abhör-Wanzen, später sogar Videokameras eingebaut. Sie dienen der Überwachung der Häftlinge und ihrer Besucher. Auch die Zuverlässigkeit des Strafvollzugspersonals wird geprüft.

Geheime Nachrichten

Trotz der strengen Überwachung gelingt es einzelnen Häftlingen und ihren Angehörigen, sich gegenseitig verbotene Nachrichten zu übermitteln. Wege dazu sind mit Geheimtinte geschriebene Briefe oder heimlich bei Besuchen ausgetauschte kleine, schriftliche Mitteilungen, sogenannte Kassiber. Häftlinge werden bei Entdeckung solcher illegalen Kontakte mit Schreib- und Besuchssperre oder auch mit Arrest bestraft.

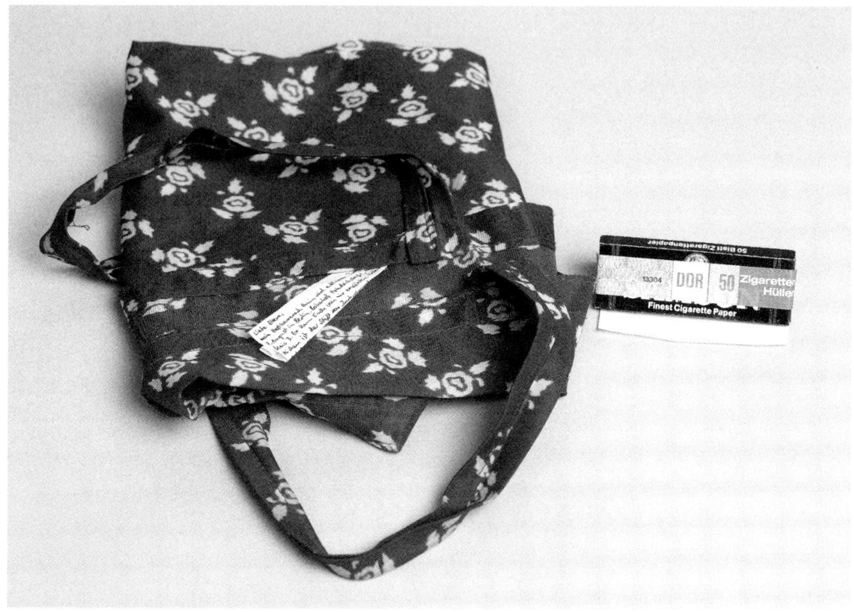

Versteck eines Kassibers, 1988
Im Henkel des Einkaufsbeutels versteckt Bodo Strehlow seine geheimen Nachrichten an die Eltern.

Gedenkstätte Bautzen

StVE Bautzen II — 15.03.88
(Dienststelle) (Datum)

12/88
(Lfd. Nachweis-Nr.)

Verfügung
über eine
~~Anerkennung~~/Disziplinarmaßnahme/~~Sicherungsmaßnahme/Vollzugsmaßnahme~~

Name, Vorname, Geburtstag: Strehlow, Bodo — 0 5 0 4 5 7 4 1 2 2 8 3
PKZ

Anlaß: Versuch zum Schleusen illegaler Gegenstände bei der Besuchsdurchführung mit Angehörigen

Gesetzliche Grundlage: § 32 Abs. 3, Ziff.5 StVG in Verb. HO Pkt. 1.7.13

Art und Dauer der Maßnahme: 21 Tage Einzelarrest

(Unterschrift, Dienstgrad und -stellung des Verfügenden)
i.V. Jüttner, Major des SV
Leiter der StVE

SV 27 (87/11) Ag 106/78.79.80

Vorschlag und Begründung: Am 11.03.88 unternahm der SG Strehlow den Versuch, Kassiber illegal seinen Angehörigen zu übergeben. Dazu übergab er ~~seinen Angehörigen einen Beutel, den er im Austausch gegen einen~~ anderen mitgeben wollte. Dazu erhielt er keine Genehmigung, noch ließ ~~er diesen Beutel durch den Besuchsdurchführenden kontrollieren.~~ Der Beutel wurde nach der Besuchsdurchführung eingezogen und festgestellt, daß ein Kassiber im oberen Teil eingenäht war.
Ich schlage vor, den SG Strehlow mit 21 Tagen Einzelarrest zu bestrafen.

(Unterschrift des zust. SV-Angehörigen)
Schulze, Hptm. d. SV
Leiter VZD

Diese Verfügung wurde dem/der Obengenannten am 23.03.88 in mündlicher Form bekanntgegeben. Rechtsmittelbelehrung ist erfolgt.
(Form der Bekanntgabe)

Erzieher — Jahn — Oltn. d. SV
(Dienststellung) (Name) (Dienstgrad)
(des SV-Angehörigen, der die Bekanntgabe und die Rechtsmittelbelehrung durchführte)

Hiermit wird bestätigt, daß der/~~die~~ Strafgefangene/~~Verhaftete~~ – ~~nicht~~ – arrestfähig ist.

Beginn: 23.03.88 10⁰⁰
Ende: 13.04.88 8⁴⁰

(Unterschrift des Arztes) 220388
(Unterschrift des SV-Angehörigen, der die Arrestentlassung durchführte)

Bei Disziplinarmaßnahmen oder Sicherungsmaßnahmen ist ein Protokoll beizufügen.
Begründung eines Nichtvollzuges beifügen.
Nichtzutreffendes streichen

Verfügung über eine Arreststrafe, 1988
Bodo Strehlow ist von 1980 bis 1989 in Bautzen II inhaftiert. Er tauscht mit seinen Eltern geheime Nachrichten. Sie bringen zu Besuchen Lebensmittel mit. In den Henkeln der Einkaufsbeutel sind Briefe versteckt, die auf Zigarettenpapier oder Zeitungsrand geschrieben sind. Bei einem Besuch 1988 wird der Weg der Nachrichtenübermittlung entdeckt und Strehlow mit 21 Tagen Arrest bestraft.

Hörstation Besucherzimmer

Häftlinge berichten über Außenkontakte, Abschrift des Originaltons

Geschenkübergabe

Interview Anton Wohsmann, Bautzen II von 1966 bis 1970
Gedenkstätte Bautzen, 1997, Auszug

»Meine Mutter hatte mir ein Stück Butter, eine harte Wurst und so eine Kekstorte, einen Kalten Hund, mitgebracht. Und als dann der Besuch von meiner Mutter weg war, dann hat der Wachmann das Paket aufgemacht vor meinen Augen, hat dann sich unten so ein weißes Tuch hingelegt, mit Messer und Gabel. Es war ja noch alles original verpackt, bis auf den Kuchen. Dann hat er zuerst mit der Gabel den Kuchen zerstochen, das bloß noch Krümel und so Zeug übrig blieb. Mit der Gabel hat er dann die Wurst durchstochen, ob da nicht eine Feile ist, womit man ausbrechen kann und das gleiche mit der Butter.«

Außenkontakte

Interview Klaus Mlynek, Bautzen II von 1962 bis 1963
Gedenkstätte Bautzen, 1997, Auszug

»Man musste eine einzige Briefadresse angeben, ich weiß noch, für mich war eigentlich klar, dass ich meiner Freundin schreiben würde, meiner jetzigen Frau. Sie würde dann schon das Nötige an meine Verwandten in Berlin, im Westen, weitergeben. Und so ist das dann auch gelaufen, ich meine, dass wir einmal im Vierteljahr schreiben durften. Auch Besuch empfangen, immer den gleichen.«

Besucherzimmer für Diplomaten

Im neuen Verwaltungsanbau wird 1978 ein besonderes Besucherzimmer hergerichtet. Der Raum erhält eine gemusterte Tapete, bunte Vorhänge, vier bequeme Kunstledersessel, einen Couchtisch, eine Schrankwand und einen Gummibaum. Damit soll sich die Atmosphäre des Raumes von der sterilen Kargheit der üblichen Besucherzellen unterscheiden.

Genutzt wird der Raum, wenn Diplomaten ihre in Bautzen II inhaftierten Landsleute besuchen. Westdeutsche und ausländische Gefangene können seit 1974 diplomatisch betreut werden. Bei den Besuchen der Diplomaten sind grundsätzlich zwei Bedienstete des Strafvollzugs anwesend, von denen einer ein Inoffizieller Mitarbeiter der Staatssicherheit ist. Er protokolliert die Besuche und berichtet detailliert an die Stasi. Zusätzlich werden die Gespräche vom MfS gefilmt. Die Überwachungskamera ist in der Schrankwand versteckt. Über der Eingangstür signalisiert die eingeschaltete rote Lampe, dass der Raum belegt ist.

»Die Besuche der Diplomaten waren ganz wichtig für uns Häftlinge. Sie gaben uns die Sicherheit, nicht vergessen und verloren zu sein und vor allem nicht nur den DDR-Behörden ausgeliefert zu sein. Ich fühlte mich subjektiv besser. Außerdem veränderte sich das Verhalten der Schließer ganz erheblich – in Ton und Umgangsform. Die Drohung, dass man sich über Missstände im Strafvollzug beschweren werde, war bisher nur mit einem Lächeln beantwortet worden. Jetzt aber zog die Ankündigung, sich an die Botschaft zu wenden. Jetzt hatten die Schiss.«

Manfred Matthies, Häftling in Bautzen II, 1973 bis 1976

Diplomaten in Bautzen II

Besuche

Westdeutsche Häftlinge werden seit Mai 1974 durch die Ständige Vertretung der Bundesrepublik betreut. Auch ausländische Häftlinge können eine konsularische Betreuung erfahren, sofern ihre Heimatländer diplomatische Beziehungen zur DDR unterhalten. Bis 1974 ist der Strafvollzug der DDR dem Blick der Öffentlichkeit entzogen. Jetzt muss die DDR die Kontrolle der Rechte der Gefangenen durch westliche Diplomaten hinnehmen. 1979 sind fast fünfzig Prozent der Gefangenen in Bautzen II Westdeutsche und Ausländer. Die Diplomaten stehen brieflich und persönlich mit ihnen in Kontakt. Zweimal im Jahr besuchen sie die Gefangenen. Zunächst werden die Häftlinge zu den Gesprächen nach Berlin in die MfS-Untersuchungshaftanstalt Magdalenenstraße gefahren. Seit Januar 1978 finden die Besuche direkt in Bautzen II statt.

Jährlich gibt es rund 100 Haftbesuche in Bautzen II. Die meisten führt die Bundesrepublik durch. 1984 finden 104 sogenannte Diplomatensprecher in Bautzen II statt, davon 98 durch die Ständige Vertretung. Die weiteren sechs erfolgen durch die Botschaften Österreichs, Norwegens und der Türkei.

Haftbeschwerden

Der Ablauf der Diplomatenbesuche ist genau geregelt. Während des einstündigen Gesprächs darf nur über Angelegenheiten geredet werden, die den Häftling direkt betreffen: persönliche und familiäre Belange, Probleme des Haftalltages und der Gesundheit. Verboten sind Gespräche über die Straftat, Vernehmungen und das Urteil, über Strafvollzugsbedienstete und Mitgefangene. Eine Missachtung der Vorgaben führt zum sofortigen Abbruch des Besuchs. Die Diplomaten dürfen 100 D-Mark und einen Geschenkbeutel mit Tabakwaren, Kaffee, Tee, Obst und Hygieneartikeln übergeben.

Gegenüber den Diplomaten beschweren sich die Gefangenen immer wieder über die Briefzensur, schlechte Arbeitsbedingungen und willkürliche Disziplinarmaßnahmen. Auch der Obst- und Fleischmangel, schlechte hygienische Bedingungen und ungenügende ärztliche Betreuung sind häufig vorgetragene Kritikpunkte. Die Beschwerden bleiben nicht ohne Folgen. Die Ständige Vertretung fertigt Gesprächsnotizen an und bittet das Ministerium für Auswärtige Angelegenheiten der DDR um Abhilfe. 1984 muss der Leiter der Haftanstalt zu 20 Haftbeschwerden Stellung nehmen. Alle Beanstandungen werden zwar formal als unbegründet zurückgewiesen, offenkundige Missstände werden dennoch abgestellt. Das SED-Regime sieht sich zu Zugeständnissen gezwungen, um sein internationales Ansehen nicht zu schädigen. Bald wird bereits im Vorfeld anstehender Diplomatenbesuche seitens der Haftanstalt alles vermieden, was kritikwürdig erscheinen könnte. Die regelmäßigen Besuche der Diplomaten ziehen deutliche Haftverbesserungen nach sich – insbesondere für westdeutsche und ausländische Gefangene.

StVE - Bautzen II   Bautzen, den 20.03.78

P r o t o k o l l Nr. 20

Staatsangehörigkeit: B R D
Vertreter : Herr Ministerialrat Winfried S t a a r

Strafgefangener
geb. am, in
Delikt
Strafmaß
TB
TE
letzte Wohnschr.
letzter Besuch
Besuchsüberwachu
durch

Vorgespräch mit

Dieses Vorgesprä
schiedene Frage
█████ ein Gese
mit. Gleichzeit
chen dieser am
das Gesetzbuch
Staar in Berlin
dem SG dieses G
Hervorgehoben w
█████ um e
wäre auch beim
nen aufgetrete
StVE Bautzen I
Diplomat, daß
handeln würde

Verhalten des

Der █████
hier nicht ge
Diplomatenbes
zubringen. Er
pflegung, ang
gierens auf B
mit der Ansch
mehr zu spüre
allen Konsequ
würden.

Übergebene Ge

3 Tafeln Sch
4 Äpfel.

\- 4 -

\- Die Ständige Vertretung sollte dafür sorgen, daß etwas in der StVE Bautzen II zur Geräuschverminderung (Kompressor,Exhausto unternommen wird - sollte sich in nächster Zeit nichts tun,wi er am 15.04.78 Hungerstreik mit allen Konsequenzen beginnen.
\- █████ möchte auf seine Briefe an die Ständige Vertretung zumindest den Eingang bestätigt haben. Obwohl sein Mißtrauen durch Beweiserbringung, daß seine Briefe vollzählig bei der Ständigen Vertretung eingingen, eindeutig widerlegt wurde,ist er nach wie vor der Meinung, daß Briefe "wegkommen" könnten.

11. Angenommene Aufträge durch den Diplomaten:
\- Mitteilung an die Ehefrau des █████ geben, daß er auf sie stolz ist und sie ihn in seinem Verhalten bestärkt.
\- In Erfahrung bringen, ob sich auf Grund des Schreibens der █████ an den Bundeskanzler Schmidt bisher etwas ergeben hat. (Diplomat sprach von "Solidarität der Familie."
\- Diplomat soll (und wird) beim MfAA vorstellig werden wegen solcher Unzulänglichkeiten in der StVE Bautzen II, die schon vor längerer Zeit angesprochen worden sind, z.B. ungenügender Schlaf durch Lärmeinwirkung, Frage der Seelsorge und hier vor allem der Durchführung des Gottesdienstes, des ungenügenden Reagierens auf einen Vorschlag des Strafgefangenen .

12. Zu klärende Probleme durch den Strafvollzug:
Einen Experten für Arbeitshygiene zum Messen des Geräuschpegels einsetzen. Ergebnis wird auf Grund einer Anfrage der Ständigen Vertretung durch Leiter an MfAA weitergeleitet.
Prüfen, inwieweit Obstangebot in der HO-VSt erweitert werden kann.

Voraussetzungen zum Warmhalten des Mittagessens schaffen durch Aufstellen eines Wärmegerätes bzw. Verkürzung der Zeitspanne zwischen Ausgabe des Mittagessens aus der Küche und Ausgabe an die einzelnen Strafgefangenen.

Prüfen, inwieweit festgelegte Maßnahmen des VZD-Leiters hinsichtlich der Freizeitgestaltung verwirklicht werden durch Genossen des operativen Dienstes.

Mit dem █████ in nächster Zeit ein Erziehungsgespräch führen, um ihn von unvernünftigen Verhaltensweisen (Nahrungsverweigerung) abzubringen.

13. Nachgespräch mit dem Diplomaten:
In diesem Gespräch konnten einige Vorhalte des █████ geklärt und richtiggestellt werden.
Dem Diplomaten wurde gesagt, daß bereits Maßnahmen eingeleitet sind, um den Geräuschpegel zu messen und gegebenenfalls zu vermindern, daß Vorkehrungen getroffen wurden zum Warmhalten des Essens. Ihm wurde auch eindeutig erklärt, daß der Strafgefangene wiederholt bewußt die Unwahrheit sagte, z.B. indem er angab,daß das Mittagessen ungenießbar sei.
Herr Staar notierte diese Angaben. Er brachte seinerseits vor, daß es vorteilhaft wäre, bestimmte Auskünfte seinen Kollegen von der Ständigen Vertretung bei deren Besuchen in der StVE zu geben. So würde in der StVE Berlin gehandelt und dadurch würde sich die Zeitspanne bis zum nächsten Besuch erheblich verringern.
Diese Frage wird mit dem Leiter der StVE geklärt.

Protokoll eines Besuchs der Ständigen Vertretung in Bautzen II, 1978, Auszug
Gedenkstätte Bautzen

- Der Leiter -

Ministerium des Innern
Leiter der Ver[w]altung Strafvollzug
Generalmajor Lustik

1086 B e r l i n
Mauerstr. 29-32

Kn 4543/83 24. 11. 83 fa-ho 07. 12. 83

Gesprächsnotiz des SG Johann W[geschwärzt], geb. am 25. 03. 1947

Beide Briefe des SG mußten einbehalten werden, da er sich in diesen Briefen unberechtigt, in verleumderischer Art gegen die Verpflegungsnorm im Strafvollzug ausließ.
Im Schreiben vom 26. 06. schätzt er ein, daß seit ca 4 Wochen die Fleischportionen unzureichend sind und behauptet, daß es mehrfach verdorbenes Essen gab. Die Fleischportionen gibt er mit einer Größe von 4 x 1 cm an. Weiterhin behauptet er, daß in der Kaltverpflegung verdorbene Wurst ausgegeben wird.
Da er Kartoffelausgleich bekommt, habe er das Recht, Reis bzw. Nudeln zu verlangen. Am 26. 06. mußte er jedoch Gemüseeintopf mit essen.
Die Überprüfung des Speiseplanes und der Auslastungsbelege sowie des Essenprobenbuches über den Zeitraum 20. - 26. 06. 83 brachte folgendes Ergebnis. Hinsichtlich der Essenproben gab es keinerlei Beanstandungen, Beschwerden von anderen SG lagen ebenfalls keine vor. Der Fleischeinsatz für die einzelnen Gerichte erfolgte ordnungsgemäß, wie aus folgender Aufstellung ersichtlich:

20. 06. 83 Brühnudeln mit Rindfleisch - Fleischeinsatz 46g
21. 06. 83 Hefeklöße
22. 06. 83 Panierter Schweinebauch - Fleischeinsatz 113g
23. 06. 83 Bratwurst - nach Gewicht je 1
24. 06. 83 Goulasch - Fleischeinsatz 102g
25. 06. 83 Kochhuhn, Brühnudeln - Fleischeinsatz 42g
26. 06. 83 Schnitzel - Fleischeinsatz 109g

Faedtke
Oberstltn. d. SV

Beantwortung einer Diplomatenbeschwerde, 1983
Zuarbeit des Anstaltsleiters Horst Faedtke für das Außenministerium der DDR

Gedenkstätte Bautzen

Stasiüberwachung

Zur Überwachung der Diplomatengespräche sind zwei Bedienstete des Strafvollzuges anwesend. Beide tragen Zivilkleidung, nicht ihre Dienstuniformen. Im Januar 1978 versetzt die Verwaltung Strafvollzug eigens Hauptmann Manfred Schieweck aus der Haftanstalt Bautzen I nach Bautzen II. Er steht seit 1965 als Inoffizieller Mitarbeiter im Dienst der Stasi. Als IM »Lothar« kontrolliert Schieweck die Besuche. Er protokolliert die Beschwerden der Häftlinge sowohl für die Verwaltung Strafvollzug als auch für die Staatssicherheit.

IM »Lothar«, 1972

BStU

Arbeitsraum

Der Arbeitsraum wird in den siebziger Jahren für die Montage elektrischer Bauteile genutzt. Der volkseigene Betrieb (VEB) »Schaltelektronik Oppach« lässt Schaltschütze fertigstellen. Er ist seit 1956 in Bautzen II und entwickelt sich zum größten Arbeitgeber. Eine Gruppe von 20 Häftlingen bildet ein Arbeitskommando. Jeder Häftling übernimmt einen Arbeitsschritt beim Zusammensetzen der Schaltschütze. Die Arbeitsbedingungen sind schlecht. Besonders im Winter ist der Arbeitsraum zugig, feucht, kalt und nicht ausreichend beleuchtet. Die Neonröhren flimmern und brummen. Verbrauchte und staubige Luft erschwert die Arbeit. Arbeits- und Lärmschutz existiert nicht.

»Man musste immer ein Fenster offen haben, sonst hat man es in dem stickigen Raum nicht ausgehalten. Besonders im Winter zog es immer am Fußboden entlang. Wir haben uns Handtücher und Plastiktüten um die Beine gewickelt, um überhaupt über die Runden zu kommen. Trotzdem waren nach einer Stunde die Beine wieder kalt. Wenn es mal richtig knallkalt wurde, dann war auch immer die Heizung kaputt. Es wurde dann trotzdem gearbeitet, auch wenn die Finger steif waren. Es wurde zwar langsamer gearbeitet und alle haben gemosert, aber es musste gearbeitet werden.«

Manfred Matthies, Häftling in Bautzen II, 1973 bis 1976

Kellerarbeitsraum

Gedenkstätte Bautzen

Arbeitsraum

Arbeitspflicht

Jeder Häftling ist verpflichtet, zu arbeiten. Durch produktive Arbeit sollen Straffällige in die sozialistische Gesellschaft resozialisiert werden. Neben Sicherheit und Erziehung gilt die »Arbeit in der sozialistischen Produktion« als eine der drei Säulen des DDR-Strafvollzugs. Aus Sicherheitsgründen dürfen die Häftlinge in Bautzen II nur innerhalb der Haftanstalt arbeiten. Bis Anfang der sechziger Jahre bereitet es der Gefängnisleitung Probleme, für alle Häftlinge Arbeit bereitzustellen. Anfänglich müssen sie Strümpfe stopfen, Druckknöpfe auf Pappen drücken und Kunststofflöffel glatt schleifen. Nach der Einrichtung von Produktionsräumen im Keller setzen die Häftlinge Teile für Elektromotoren, Schaltschütze und Relais zusammen. Isolierte Gefangene arbeiten allein in speziell eingerichteten Arbeitszellen. Sie sortieren für die Produktion im Keller Schrauben vor und wickeln Spulen für Motoren. Weibliche Gefangene nähen Handtücher und setzen Stifte zusammen. Auch für die Hausarbeiten im Gefängnis werden Häftlinge eingesetzt. Sie müssen putzen, kochen, heizen und sämtliche Baumaßnahmen im Haus ausführen.

Arbeitsalltag

Die Häftlinge arbeiten in Gruppen, die Arbeitskommandos genannt werden. Jedes Kommando arbeitet, isst und verbringt den Hofgang gemeinsam. Den Kommandos steht ein Häftling als Brigadier vor. Häufig dient er der Staatssicherheit als Inoffizieller Mitarbeiter. Ab 1977 arbeiten die Gefangenen im Schichtsystem. Die Arbeitsbedingungen sind katastrophal. Sogar die Gefängnisleitung gesteht die schlechten Bedingungen ein, schafft aber keine Abhilfe. Die Häftlinge müssen sich mit den Verhältnissen arrangieren. Trotzdem hilft die Arbeit vielen Gefangenen, die Haftzeit schneller vergehen zu lassen.

Entlohnung

Die Betriebe zahlen an die Haftanstalten den landesüblichen Lohn. Obwohl das Gefängnis den größten Teil des Lohns für die Unterbringung und Versorgung der Häftlinge einbehält, ist die Häftlingsarbeit für den Strafvollzug nie kostendeckend. Das Strafvollzugsgesetz von 1977 legt fest, dass 82 Prozent des üblichen Lohns einbehalten werden. Von den übrigen 18 Prozent wird wiederum ein Teil zur Bildung einer Rücklage für die Zeit nach der Entlassung und eventuelle Unterhaltsansprüche der Familien einbehalten. Den nach allen Abzügen verbleibenden Rest bekommen die Häftlinge in Form von Wertgutscheinen ausgehändigt. Damit können sie im Gefängnisladen einkaufen. Die Häftlinge müssen feste Arbeitsnormen erfüllen. Nichterfüllung der Norm führt zu Lohnabzügen. Übererfüllung wird mit Prämien und Vergünstigungen belohnt.

Wertgutschein, 1980er Jahre

Leihgabe Georg Kanig

Schaltschütz, 1975

Die Gefangenen setzen in Fließbandarbeit Schaltschütze zusammen. Sie müssen eine vom Volkseigenen Betrieb Schaltelektronik Oppach festgelegte Norm von 2000 Stück am Tag erfüllen.

Schenkung Manfred Matthies

Sanitätszimmer

Im Sanitätszimmer finden die Arztsprechstunden statt. In Bautzen II gibt es lange Zeit keinen eigenen Gefängnisarzt. Vertragsärzte sollen die fachärztliche Betreuung der Gefangenen absichern, aber ihre Sprechstunden sind selten. Fachärztliche Behandlungen erfolgen in den Haftkrankenhäusern in Bautzen I oder Leipzig-Meusdorf. Viele ehemalige Häftlinge klagen über die schlechte medizinische Versorgung. Vorhandene Möglichkeiten seien nicht ausgeschöpft und Behandlungen verschleppt worden.

»Der Arzt selbst hielt nur an zwei Tagen in der Woche eine Sprechstunde ab. In der Zwischenzeit hatten sich aber immer so viel Fälle angesammelt, dass in der Regel nicht alle hilfebedürftigen Gefangenen an die Reihe kamen. Sie mussten dann auf den nächsten Arzttag warten.«

Jörg Bocho, Häftling in Bautzen II, 1974 bis 1976

Sanitätszimmer

Gedenkstätte Bautzen

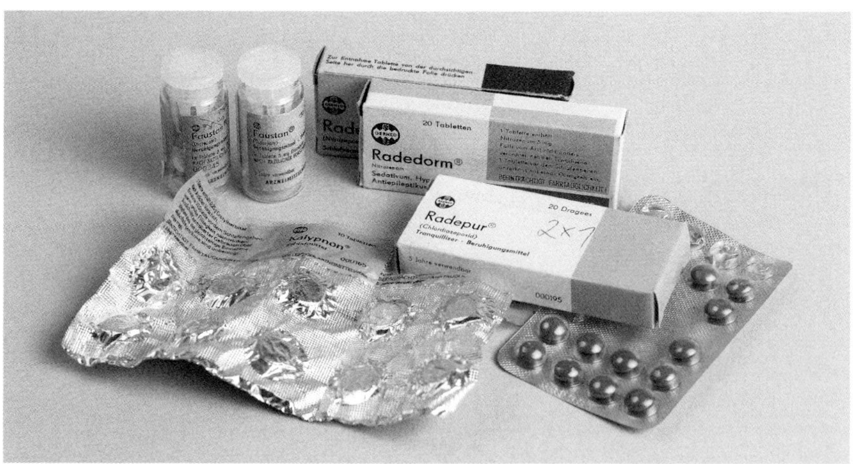

Beruhigungs- und Schlafmittel, 1980er Jahre
In der DDR weit verbreitete Medikamente werden auch im Strafvollzug verabreicht.

Leihgabe Brandenburgisches Apothekenmuseum Cottbus

Medizinische Versorgung in Bautzen II

Medizinisches Personal

Bautzen II hat bis 1986 keinen eigenen Gefängnisarzt. Strafvollzugsärzte aus Bautzen I oder in der Stadt ansässige Fachärzte kommen zu Sprechstunden in das Gefängnis. Die Haftanstalt hat lediglich einen »Offizier für die Medikamentenverwaltung«, der als Sanitäter bzw. Krankenpfleger ausgebildet ist. Anfangs ist es ein Unterleutnant mit dem Spitznamen »Pillenpaul«, dann Leutnant Fritz Fleischer, genannt »Löffelohr«. Ab 1976 wird zusätzlich eine Zivilangestellte als Pflegekraft eingestellt. Erst 1986 tritt mit Oberstleutnant Dr. Gerhardt ein ausgebildeter Mediziner den Posten des Gefängnisarztes an.

Gerhardt ist Angestellter der Volkspolizei, die Fachärzte in der Regel nicht. Die Staatssicherheit setzt daher einen »Sicherungs-IM« ein. Fritz Fleischer, bereits langjähriger Spitzel der Stasi, überwacht das medizinische Personal ebenso wie den Kontakt der Kranken untereinander. Seine medizinische Schulung und rasche Beförderung bis hin zum Hauptmann wird von der Staatssicherheit gesteuert. Auch Gerhardt berichtet der Stasi. Seit 1978 führt ihn das MfS als »Gesellschaftlichen Mitarbeiter für Sicherheit«.

Strafvollzug vor Gesundheit

Eine ärztliche Untersuchung bei Haftantritt und vor der Entlassung sind Routine. Entlassungen wegen Haftunfähigkeit aus Krankheitsgründen kommen nahezu nicht vor. Strafvollzug geht vor Gesundheit. Viele ehemalige Gefangene klagen über die nur zögerliche Hinzuziehung eines Arztes selbst bei Notfällen. Fachärztliche Behandlungen werden vom Gefängnisleiter nur widerwillig gewährt. Schmerz-, Beruhigungs- und Schlafmittel dagegen werden freigiebig verteilt. Medizinische Betreuung hat nur dann einen Wert, wenn es um die Erhaltung des Lebens der Gefangenen geht. Der Arzt ist zuständig für die Zwangsernährung von Gefangenen im Hungerstreik. Er wird hinzugezogen, um die Folgen von Selbstmordversuchen zu behandeln.

Blatt Nr. ......

Ministerium des Innern
BDVP Strafvollzugseinrichtung Bautzen II
~~86 Bautzen~~
UHA/SVE Siegfried-Rädel-Straße

Bautzen, den 21. 2. 1985

Standarduntersuchungsbogen für Untersuchungen

– bei der Aufnahme in der UHA
X – bei der Aufnahme in der SVE
– Überwachungsuntersuchung bei
- Einzelunterbringung
- Absonderung durch Einzelhaft
- Einzelarrest
- strenger Einzelarrest
- Arbeitstauglichkeitsüberprüfung
- Beurteilung des Gesundheitszustandes

– Entlassungsuntersuchung

A. Angaben zur Person

Zuname: F█████ Vorname: J█████ Personenkennzahl: ☐☐☐☐☐☐☐☐☐☐☐☐

Registriernummer: 3/86 Strafende: 17.03.86 Delikt: § 213 Anzahl der Vorstrafen: Ø

B. Anamnese

Familienanamnese: Großmutter war zuckerkrank
Mutter gest. an Gelbsucht 1975
Vater Invalidenrentner (in fachpsychiatr. Betreuung)

Eigene Anamnese:
(bei Frauen einschl. Regel- und Geburtenanamnese) Masern
TE 1963
, stat. Behandlung wegen Sinusvenenthrombose bd. Augen (HH) 1977 – KMU Leipzig

Berufsanamnese:
(einschl. Angaben über anerkannte Berufskrankheit und Arbeitsunfallfolgen)
10 Klassen, Chemielaborant, Diplom-Biochemiker
z. Z. Kontrollingenieur in Getränkekomb. Leipzig

Jetzige Beschwerden:
– keine –

Impfanamnese: TT-Impfschutz vorhanden

Med.: keine
Alkohol: 0,35 l Schnaps / 12 l Bier
Nikotin: 10 Zigaretten
Kaffee: 1–2 Tassen tgl.
Allergie: Ø
vegetat. Stat.: intakt

Medizinischer Untersuchungsbogen für Strafgefangene, 1985

JVA Bautzen

Tote

In Bautzen II sterben laut Haftbuch zwischen August 1956 und Dezember 1989 17 Menschen. Drei weitere Gefangene aus Bautzen II sterben im zentralen Haftkrankenhaus der DDR in Leipzig-Meusdorf. Um den Tod in Bautzen II ranken sich bis heute Legenden. Einzelne Gefangene berichten von Mordversuchen der Staatssicherheit, aber kriminalpolizeiliche Untersuchungen nach 1990 haben dazu keine Hinweise ermitteln können. In mindestens fünf Fällen ist ein Selbstmord sehr wahrscheinlich. Bei den übrigen ist die Todesursache ungeklärt.

Verbesserungen

Ab Mitte der siebziger Jahre achtet die Gefängnisverwaltung auf eine bessere medizinische Versorgung der Gefangenen. Überweisungen ins Haftkrankenhaus verdreifachen sich. Hintergrund ist die diplomatische Betreuung der zahlreichen westdeutschen und ausländischen Gefangenen in Bautzen II. Ausdrücklich weist die Abteilung Strafvollzug den Leiter von Bautzen II auf die »politische Wertigkeit« der medizinischen Betreuung hin.

Patientenerklärung, 1980er Jahre
Über standardisierte Erklärungen der Gefangenen lässt sich der Arzt von seiner medizinischen Verantwortung entbinden.

Gedenkstätte Bautzen

Fernsehraum

Fernsehen ist seit Anfang der sechziger Jahre eine Möglichkeit der Freizeitgestaltung für die Strafgefangenen. Gleichzeitig dient es der politisch-ideologischen Erziehung der Häftlinge. Abhängig von der guten Führung im Haftalltag und der Normerfüllung bei der Arbeit können Häftlinge ausgewählte Sendungen im Fernsehen anschauen. In den sechziger Jahren bleiben Fernsehzeiten beschränkt auf ein bis zwei Stunden in der Woche. In den siebziger und achtziger Jahren können die Häftlinge mehrmals wöchentlich Unterhaltungssendungen und Spielfilme sehen. Beiträge zur staatsbürgerlichen Erziehung wie DDR-Nachrichtensendungen und das gegen die Bundesrepublik gerichtete Polit-Magazin »Der schwarze Kanal« werden als Pflichtprogramm gezeigt. Für die meisten Häftlinge ist Fernsehen trotz der ideologischen Ausrichtung vieler Sendungen eine willkommene Abwechslung.

»Kulturell war nix los. Es gab während meiner Haftzeit zwei Kinoabende, sonst stand nur Fernsehen zur Verfügung. Wer sich morgens für das Fernsehen in eine Liste eingetragen hatte, wurde dann um 19.30 Uhr raus geschlossen, damit man ja nicht die »Aktuelle Kamera« verpasste. Das Programm, welches man sehen durfte, wurde sorgfältig ausgesucht. Kriminalfilme waren grundsätzlich verboten.«

Sigrid Grünewald, Bautzen II, 1981 bis 1982

Arbeitsfreie Zeit

Die arbeitsfreie Zeit ist in Bautzen II festen Normen unterworfen. In der Hausordnung der Haftanstalt werden die Möglichkeiten der Freizeitgestaltung für die Häftlinge festgehalten. Sie werden als Vergünstigung bei »einwandfreier Führung, Disziplin und Arbeitsleistung« der Gefangenen vom Anstaltsleiter gewährt. Einen Anspruch darauf haben die Gefangenen nicht.

Laut Strafvollzugsgesetz von 1968 und 1977 ist die »staatsbürgerliche Erziehung und allgemeine Bildung« der Strafgefangenen durch »Literatur, Presseerzeugnisse, Filme und den Empfang von Rundfunk- und Fernsehsendungen« fester Bestandteil des Erziehungsinstrumentariums im Strafvollzug der DDR. Die schrittweise Verbesserung der Freizeitangebote steht in engem Zusammenhang mit der diplomatischen Betreuung der ausländischen, vor allem westdeutschen Häftlinge seit 1974. Die diplomatischen Vertreter erhalten erstmals Einblick in den Haftalltag von Bautzen II und können die Einhaltung der gesetzlichen Bestimmungen kontrollieren.

In den siebziger und achtziger Jahren ist Häftlingen in ihrer arbeitsfreien Zeit das Lesen von abonnierten Zeitungen und Zeitschriften, Sport wie Feder- und Volleyball oder Tischtennis auf dem Freihof und kunsthandwerkliche Tätigkeit gestattet. Auf Antrag dürfen sich die Strafgefangenen »umschließen« lassen, d.h. einen anderen Häftling in seiner Zelle besuchen.

Freistunde:

Dem Strafgefangenen stehen täglich 30 Minuten Bewegung im Freien zu. In dieser Zeit werden gymnastische Übungen durchgeführt.
Die Bewegung hat in Marschkolonne bzw. einzeln zu erfolgen.
Die Kommandos sind entsprechend der Kommando-Tafel zu geben und einzuhalten.
Das Sprechen während der Freistunde ist untersagt.
Verstöße gegen die Disziplin während der Freistunde hat den sofortigen Abbruch für den oder die betreffenden Strafgefangenen zur Folge. – Dieses schlißt eine Bestrafung entsprechend der Disziplinarordnung nicht aus.
Gehbehinderte Strafgefangene führen die Freistunde unter den entsprechenden Bedingungen durch.

Kulturelle Betreuung:

Die kulturelle Betreuung wird, entsprechend den Möglichkeiten, gewährleistet durch:

a) Filmveranstaltungen
b) Kulturveranstaltungen
c) Gefangenen-Bibliothek
d) Ball- und Brettspiele

Der Büchertausch findet aller 14 Tage statt.

Hausordnung von 1957, Auszug

Gedenkstätte Bautzen

Herbert Crüger, Bautzen II, 1959 bis 1961
»Das Leben im Strafvollzug, besonders in der Isolationshaft, ist an Einförmigkeit nicht zu überbieten. Mir fehlen die Worte, diese Einförmigkeit auch nur einigermaßen deutlich zu machen. Ich will nicht ungerecht sein und muss deshalb wohl erwähnen, dass die Einförmigkeit hin und wieder unterbrochen wurde. Es gab Kinovorstellungen. Ich kam vier- oder fünfmal in den Genuss solcher Unterbrechungen.«

Dietmar Lorenz, Bautzen II, 1962 bis 1966
»In der ersten Zeit gar nicht, aber vielleicht nach einem halben oder dreiviertel Jahr konnte man zum Fernsehen gehen. Dann durfte man lesen, also hier aus der Bücherei Bücher ausleihen. Ich habe da meistens Belletristik genommen.«

Hossein Yazdi, Bautzen II, 1962 bis 1975
»Draußen in der Freistunde konnten wir sechs Monate lang Federball spielen. Das wurde abrupt abgebrochen beim Prager Frühling, als die Wachmannschaften dann verstärkt worden sind. Aber das war zeitweise eine Vergünstigung.«

Klaus Mlynek, Bautzen II, 1962 bis 1963
»Am unangenehmsten neben der Kälte vor allen Dingen im Winter war natürlich das Abgeschnittensein von allen Informationen. Also man bekam schon Zeitungen, aber wenn es irgendwo brisant wurde, dann war plötzlich Zeitungssperre. Von der Kubakrise 1963 habe ich nie etwas erfahren! Da stand die Menschheit sozusagen kurz vorm 3. Weltkrieg und die haben uns das vorenthalten.«

Wilfried Meyer, Bautzen II, 1974 bis 1976
»Zeitungen gab es nur das »Neue Deutschland« und normale Tageszeitungen aus der Region. Bücher haben wir auch gekriegt. Aber na ja, gut, die Bücher... Was hab ich denn gelesen? »Krieg und Frieden« und so was. So was haben wir gekriegt und so was durfte man ja lesen. Aber man liest dann auch einfach, um irgend was zu machen.«

links: **Fernsehzelle**

12. Literatur, Presseerzeugnisse und Unterhaltungsspiele

12.1. Die aus der Bücherei entliehene Literatur ist pfleglich zu behandeln und darf nicht vorsätzlich beschädigt werden. Sie darf nur in den Verwahrräumen aufbewahrt werden. Die Ausleihfristen sind einzuhalten. Ein Verlust von entliehener Literatur ist sofort dem Erzieher zu melden.

12.2. Bei einer Entlassung, Verlegung, stationären Einweisung im Krankheitsfall und bei Arrestantritt sind entliehene Bücher zurückzugeben.

12.3. Erworbene Presseerzeugnisse (Tageszeitungen und Zeitschriften) sind nach festgelegter Frist zur Verwertung abzugeben.

12.4. In den Mehrzweckräumen können folgende Unterhaltungsspiele benutzt werden:
Schach - Mehrzweckspielmagazine - Skat

12.5. Sportgeräte
Zur sportlichen Betätigung können folgende Spiele benutzt werden:
Federball - Tischtennis

Es ist verboten:
Ohne Anweisung durch SV-Angehörige Bekleidungsstücke abzulegen, zu rufen, schreien, singen, pfeifen oder anderen Lärm zu verursachen.

Hausordnung, 1987, Auszug

Schachspiel, um 1970
Harald Kellner bastelt mehrere Monate lang in jeder freien Minute ein Schachspiel. Das Material besteht aus Produktionsabfällen, Streichhölzern und einem alten Damespiel. Mithäftlinge unterstützen ihn beim Schnitzen der Figuren.

Schenkung Harald Kellner

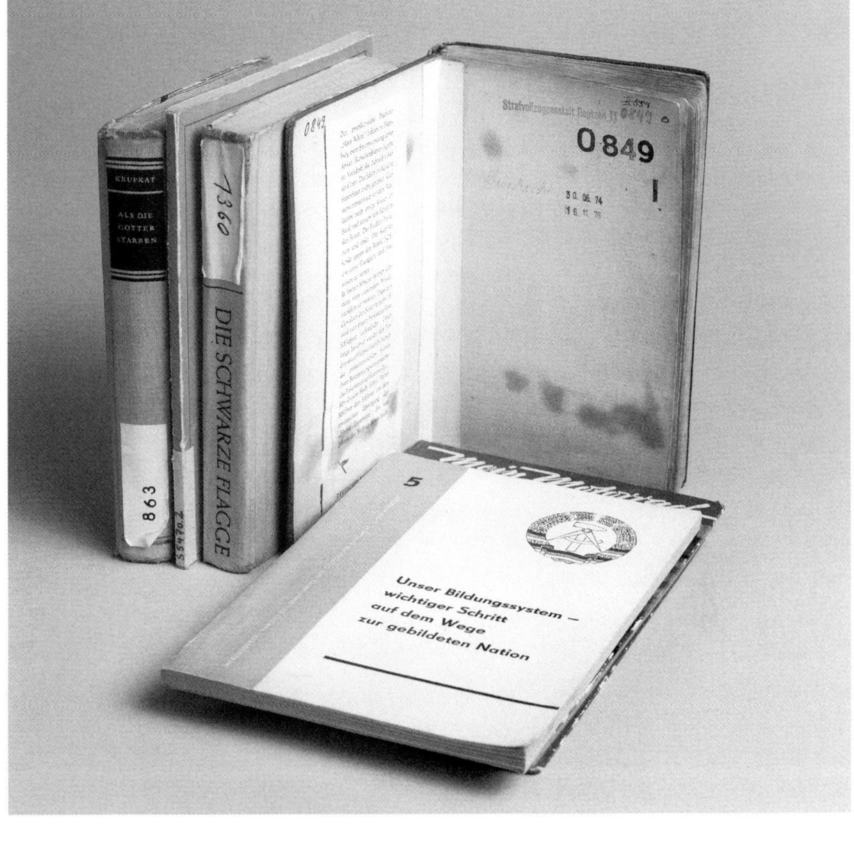

Bücher aus der Gefängnisbibliothek, 1960/70er Jahre
Neben sozialistischer Literatur und Fachbüchern können die Gefangenen auch klassische und Abenteuer-Literatur ausleihen.

Gedenkstätte Bautzen

Ausbruchzelle

Zelle 19 ist bis 1967 eine der Zellen, die als Einzelarbeitsplätze für Gefangene in Isolationshaft genutzt werden. Aus der Eckzelle im Erdgeschoss des Hafthauses gelingt dem politischen Häftling Dieter Hötger im November 1967 die Flucht durch ein Loch in der Außenmauer des Hochsicherheitsgefängnisses. Das Wachpersonal hatte über Wochen hinweg die Zelle nur oberflächlich kontrolliert.

Die verantwortlichen Bediensteten werden versetzt. Aus Sicherheitsgründen belegt die Gefängnisleitung die Eckzellen des Hafthauses fortan nicht mehr mit Häftlingen. Das Personal verstärkt seine Kontrollmaßnahmen. Zusätzlich wird die Überwachungstechnik der Haftanstalt modernisiert. In den 1970er Jahren werden einige der Eckzellen zu Bädern mit Wanne und Dusche umgebaut. 2003 erfolgt der Rückbau der Badzelle, um die einzig gelungene Flucht aus Bautzen II zu dokumentieren. Dabei wird das unter Putz liegende zugemauerte Fluchtloch Hötgers wieder freigelegt.

»5. Es ist ein umfassendes System der Zellenkontrollen zu schaffen. Die Kontrollen haben sich auf Wohn- und Arbeitszellen entsprechend ihrer Spezifik zu beziehen.
6. Es ist ein umfassendes System der Spionkontrollen zu erarbeiten. […]
8. Schaffung einer Analyse, wieviel Strafgefangene vom Schlage des flüchtigen Hötger befinden sich in der Strafvollzugsanstalt und welche besonderen Maßnahmen sind zur maximalen sicheren Verwahrung für diese erforderlich und festzulegen.«

Maßnahmeplan der Strafvollzugsanstalt Bautzen II nach der Flucht Dieter Hötgers, 1967, Auszug

Beweisfoto der Stasi, 1967
Die 23 Ziegelsteine aus dem Mauerloch versteckt Hötger
hinter dem Arbeitstisch und den Materialkisten.

BStU

Flucht aus Bautzen II

Flucht

Dieter Hötger verbüßt seine Freiheitsstrafe in strenger Einzelhaft. Isoliert von Mitgefangenen wird er täglich von 5 bis 15 Uhr zur Montage von Elektroschaltgeräteteilen in der Arbeitszelle Nr. 19 eingeschlossen. In unbeobachteten Momenten löst er hinter dem Wandschrank seiner Arbeitszelle Mörtel und Ziegelsteine, bis in wochenlanger Kleinarbeit ein Loch entsteht. Insgesamt 23 Mauersteine versteckt er hinter seinem Arbeitstisch. Den Mörtel entsorgt er in der Toilette. Das wachsende Mauerloch wird bei den zwar regelmäßig, aber nur oberflächlich durchgeführten Kontrollen der Aufseher nicht entdeckt. Am frühen Morgen des 28. November 1967 flieht Hötger durch das Loch in der 65 cm dicken Außenmauer. Unbemerkt überklettert er auch die Umwehrungsmauer des angrenzenden Polizeigeländes. Wachposten sind nicht im Einsatz, die Überwachungstechnik nicht eingeschaltet. Hötger rennt aus der Stadt und versteckt sich in Gräben und Gebüschen. Nach Einbruch der Dunkelheit flieht er in nördliche Richtung. Hötger ist auf sich allein gestellt. Ohne jede Hilfe will er die Grenze nach West-Berlin durchbrechen.

rechts: **Fluchtloch in der Gefängnismauer**, 1967
Hötger lässt sich aus 5 Meter Höhe in den Hof fallen.

BStU

1
2

KOPIE

1000 MDN Belohnung!

Gesucht wird seit Dienstag, dem 28. November 1967 der gefährliche Rechtsbrecher

Hötger, Dieter geb. am 20.08.1939

Personenbeschreibung:

Größe: 1,76 cm

Gestalt: schlank

scheinbares Alter: 28 bis 30 Jahre

Haarfarbe: dunkelblond, Fassonschnitt

Stirn: zurückweichend

Augenbrauen: leicht gebogen, dunkelblond

Augenfarbe: Grau

Kinn: vorspringend, spitz

Nase: dick, geradlinig

Zähne: lückenhaft

Besondere Merkmale: 3 cm lange Narbe an rechter Wange (auffallend)

Obengenannter trägt khakifarbene Häftlingskleidung mit gelben Streifen (30×5 cm) auf Rücken, Ärmel und Hosen.

Beachten: Bekleidung kann gewechselt sein.

Die Bevölkerung wird gebeten, die Volkspolizei bei der Fahndung nach dem Flüchtigen aktiv zu unterstützen und Versteckmöglichkeiten wie Keller, Böden, Stallungen, Schuppen, Garagen, Gartenanlagen und ähnliches zu überprüfen sowie Diebstähle von Bekleidungsstücken, Lebensmitteln oder Fahrzeugen und Wahrnehmungen, die auf den Aufenthalt oder die Bewegung des Flüchtigen schließen lassen, sofort der Volkspolizei mitzuteilen.

Hinweise oder Wahrnehmungen, die auf Wunsch vertraulich behandelt werden, nimmt jede Dienststelle der Deutschen Volkspolizei entgegen.

Chef der Bezirksbehörde der DVP
Dresden

Fahndungsplakat, 1967
Hötger wird steckbrieflich gesucht. Für Hinweise werden 1000 Mark Belohnung ausgesetzt – damals mehr als zwei Monatslöhne.

SHStA Dresden

Fahndung

Hötgers Flucht aus Bautzen II löst eine der größten Fahndungsaktionen der DDR aus. Rund 3 200 Polizisten, zahlreiche Angehörige der Staatssicherheit und der Kampfgruppen suchen den »gefährlichen Rechtsbrecher«. Aber er ist wie vom Erdboden verschluckt. Deshalb wird die Bevölkerung um Mithilfe gebeten – mittels Betriebsfunk und Lautsprecherwagen. 50 000 Handzettel und 28 000 Steckbriefe mit dem Foto Hötgers werden in zehn Bezirken der DDR geklebt. Die Flucht ist in aller Munde. Die Bautzener erleben Befragungen, Straßensperren und Hubschraubereinsätze. Dieses eine Mal ist das sonst mit Schweigen belegte Gefängnis präsent im Alltag der Stadt.

Verurteilung

Nach neun Tagen auf der Flucht wird Hötger am 6. Dezember 1967 in Kleinsaubernitz, 17 Kilometer von Bautzen entfernt, von einer Polizeistreife aufgegriffen. 13 Monate muss er in Untersuchungshaft der Stasi verbringen. Vergeblich sucht das MfS nach Komplizen Hötgers. Sein allein organisierter Ausbruch aus dem Gefängnis ist nicht strafbar. Nur eine gemeinschaftlich begangene Flucht ist mit Strafe bedroht. Die Staatssicherheit konstruiert eine Anklage. Vom Bezirksgericht Potsdam wird Hötger im März 1969 schließlich wegen »Spionage«, »Sammlung von Nachrichten«, »planmäßiger staatsfeindlicher Hetze«, »vorsätzlicher Beschädigung sozialistischen Eigentums« – womit das Loch in der Gefängnismauer gemeint war – und »versuchtem ungesetzlichen Grenzübertritt« verurteilt. Das Urteil lautet: Acht zusätzliche Jahre Freiheitsstrafe.

27

Häftlingsschicksale

FORUM

Rudolf Bahro

Politischer Gefangener von 1977 bis 1979

Der DDR-Bürger Rudolf Bahro veröffentlicht 1977 in der Bundesrepublik Deutschland sein Buch »Die Alternative«, in dem er den Staatssozialismus der SED kritisiert. Unmittelbar nach Erscheinen des Manuskripts wird er in Ost-Berlin festgenommen.

Bahro, geboren 1935 in Bad Flinsberg (heute Polen), studiert Philosophie in Ost-Berlin. Er arbeitet als Zeitungsredakteur und wird 1967 Abteilungsleiter in einem Produktionsbetrieb. Seit 1956 steht er unter Beobachtung der Staatssicherheit, weil er gegen die Niederschlagung des Ungarn-Aufstands durch sowjetische Truppen protestiert. 1968 erhebt er Widerspruch gegen den sowjetischen Einmarsch in die Tschechoslowakei. Die Staatssicherheit intensiviert seine Überwachung.

Anfang der siebziger Jahre formuliert Bahro seine reformsozialistischen Ideen und lässt das Manuskript in den Westen bringen. Nach einem Vorabdruck im westdeutschen Nachrichtenmagazin »Der Spiegel« nimmt die Staatssicherheit Bahro im August 1977 fest. Das Stadtgericht Berlin verurteilt ihn im Juni 1978 wegen »Übermittlung von Nachrichten für eine ausländische Macht und Geheimnisverrat« zu acht Jahren Gefängnis. Ab August 1978 ist Bahro in Bautzen II in Isolationshaft. Im Oktober 1979 beugt sich das DDR-Regime den starken internationalen Protesten und lässt Bahro vorzeitig frei. Er wird in die Bundesrepublik Deutschland abgeschoben.

Noch während der Friedlichen Revolution kehrt Bahro im Dezember 1989 nach Ost-Berlin zurück. 1990 erhält er eine Professur für Sozialökologie an der Humboldt-Universität Berlin. Das Oberste Gericht der DDR hebt im Juni 1990 das Urteil gegen ihn auf.

Rudolf Bahro stirbt am 5. Dezember 1997 in Berlin.

Rudolf Bahro, 27.8.1981
Bahro bei einer Diskussionsveranstaltung »Forum Frieden« in der Bonner SPD-Parteizentrale, Bundesbildstelle Berlin

Georg Dertinger

Politischer Gefangener von 1953 bis 1964

Georg Dertinger ist der erste Außenminister der DDR. Im Januar 1953 wird er überraschend festgenommen. Zusammen mit fünf weiteren Mitangeklagten wird er in einem Geheimprozess 1954 nach Artikel 6 der Verfassung der DDR und nach Kontrollratsdirektive 38 wegen Spionage verurteilt.

Dertinger, geboren 1902 in Berlin, ist 1945 Mitbegründer der CDU in der sowjetisch besetzten Zone. Bis zu seiner Ernennung zum Außenminister 1949 ist er ihr Generalsekretär. Er ist maßgeblich an der Einbindung der CDU in das SED-dominierte Blockparteiensystem der DDR beteiligt. Auf außenpolitischer Ebene bemüht sich Dertinger um ein wiedervereinigtes, neutrales Deutschland. Damit steht er zunehmend den politischen Interessen der Sowjetunion und der SED-Führung entgegen.

Die Staatssicherheit verhaftet Dertinger auf Anweisung aus Moskau im Januar 1953. Gemeinsam mit Dertinger werden auch seine Familie und engste Mitarbeiter verhaftet. Das jüngste Kind der Dertingers wird unter fremdem Namen einer SED-treuen Familie zur Pflege gegeben.

Dertinger wird zu 15 Jahren Zuchthaus verurteilt. Zunächst kommt er in die Haftanstalt Brandenburg-Görden. Im August 1956 wird er nach Bautzen II verlegt. In der Haft erkrankt er schwer. Im Mai 1964 wird er begnadigt und vorzeitig aus der Haft entlassen. Er bleibt in der DDR und arbeitet als Lektor bei einem katholischen Verlag in Leipzig und für die Caritas.

Georg Dertinger stirbt am 21. Januar 1968 in Leipzig. Das Landgericht Berlin hebt 1991 das Urteil des Obersten Gerichts der DDR von 1954 auf.

Georg Dertinger, um 1950
dpa

Karl Wilhelm Fricke

Politischer Gefangener von 1955 bis 1959

Der West-Berliner Journalist Karl Wilhelm Fricke wird im April 1955 von der Staatssicherheit in den Ostteil Berlins entführt. Das Oberste Gericht der DDR verurteilt ihn im Juli 1956 nach Artikel 6 der DDR-Verfassung wegen »Boykott- und Kriegshetze« zu vier Jahren Haft.

Fricke, geboren 1929 in Hoym (Anhalt), flieht nach seinem Abitur aus der sowjetisch besetzten Zone. Sein Vater wird 1946 von der sowjetischen Besatzungsmacht interniert und stirbt während seiner politischen Haft 1952 in Waldheim. Fricke arbeitet als freier Journalist in West-Berlin und spezialisiert sich auf die Berichterstattung über die politische Verfolgung in der DDR. Die Staatssicherheit wird auf seine Artikel und Kommentare aufmerksam. Sie beschließt, ihn mundtot zu machen. Fricke wird gewaltsam nach Ost-Berlin verschleppt. Er kommt für über ein Jahr in die Stasi-Untersuchungshaftanstalt Berlin-Hohenschönhausen. Nach seiner Verurteilung wird er in Brandenburg-Görden inhaftiert. Im August 1956 gehört Fricke zur ersten Gruppe von »Staatsfeinden«, die in das Stasi-Sondergefängnis Bautzen II verlegt wird. Seine gesamte Haftzeit verbringt er in Einzelhaft. Im März 1959 wird Fricke nach West-Berlin entlassen.

In der Bundesrepublik arbeitet Fricke wieder als Journalist. 1970 bis 1994 ist er Leiter der Ost-West-Redaktion beim Deutschlandfunk. Er veröffentlicht zahlreiche Bücher zur politischen Justiz in der DDR und zur Staatssicherheit. Das Landgericht Berlin hebt 1991 das Urteil gegen ihn auf.

Karl Wilhelm Fricke lebt heute in Köln.

Karl Wilhelm Fricke kurz vor seiner Haftentlassung, 1959
Privatbesitz

Sigrid Grünewald

Politische Gefangene von 1981 bis 1982

Die West-Berlinerin Sigrid Grünewald versucht vergeblich, ihren Verlobten aus der DDR in die Bundesrepublik zu holen. Im November 1981 wird sie von der Staatssicherheit verhaftet.

Grünewald, geboren 1945 in Kahla (Thüringen), wächst in West-Berlin auf. Während eines Besuchs in Thüringen 1977 verliebt sie sich in einen DDR-Bürger. Ein Jahr später verlobt sich das Paar und will ein gemeinsames Leben in der Bundesrepublik aufbauen. Nachdem die DDR-Behörden einen Antrag des Verlobten auf Ausreise abweisen, engagiert Grünewald in West-Berlin eine professionelle Fluchthilfeorganisation. Der Fluchtversuch im September 1981 schlägt fehl. Aus Vorsicht beschließen beide, keinen weiteren Versuch zu unternehmen. Erneut stellt der Verlobte einen Antrag auf Ausreise. Beim Verhör eines verhafteten professionellen Fluchthelfers erfährt die Staatssicherheit wenige Wochen später zufällig von dem gescheiterten Fluchtversuch. Daraufhin wird Grünewald bei ihrem nächsten DDR-Besuch gemeinsam mit ihrem Verlobten festgenommen.

Das Bezirksgericht Gera verurteilt sie im März 1982 wegen »versuchten staatsfeindlichen Menschenhandels« zu fünfeinhalb Jahren Haft. Zur Verbüßung der Strafe wird Grünewald nach Bautzen II eingewiesen, ihr Verlobter verbüßt seine Haftstrafe in Brandenburg. Im September 1982 kauft die Bundesrepublik das Paar frei. 1983 heiraten die beiden in West-Berlin. Das Bezirksgericht Gera hebt 1991 das Urteil gegen sie auf.

Sigrid Grünewald lebt heute in Berlin.

Sigrid Grünewald kurz vor ihrer Haftentlassung, 1982
Privatbesitz

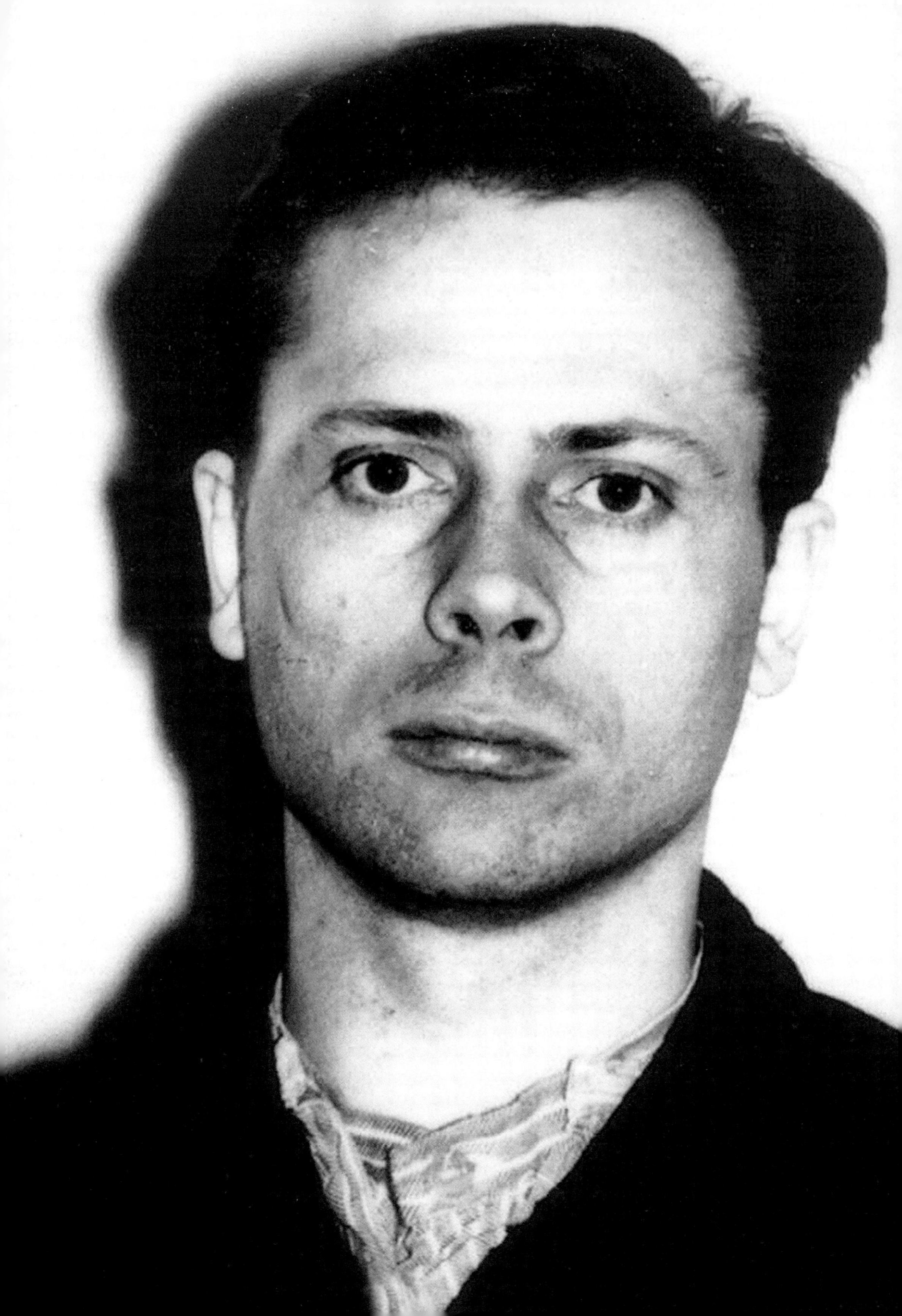

Dieter Hötger

Politischer Gefangener von 1962 bis 1972

Der West-Berliner Dieter Hötger gräbt 1962 einen Tunnel von West- nach Ost-Berlin, um seine Ehefrau aus der DDR zu holen. Der Plan wird an die Staatssicherheit verraten. Während der Fluchtaktion werden Hötger und ein Freund niedergeschossen. Hötger überlebt schwer verletzt und wird von der Staatssicherheit verhaftet.

Hötger, geboren 1939 in Berlin, siedelt nach der Errichtung der Mauer am 13. August 1961 nach Ost-Berlin über, weil er seine dort wohnende Freundin heiraten will. Im April 1962 flieht er aus der DDR mit dem Willen, auch seine Ehefrau in den Westen zu holen. Die Flucht durch den Tunnel scheitert und Hötger wird vom Bezirksgericht Neubrandenburg wegen »staatsgefährdender Gewaltakte und Verleitung zur Republikflucht« zu neun Jahren Zuchthaus verurteilt.

Ab Oktober 1962 ist Hötger in Bautzen II inhaftiert. Er ist der einzige Häftling, dem aus dem Stasi-Gefängnis die Flucht gelingt. Er durchbricht eine Zellenmauer und kann am 28. November 1967 vom Gelände der Haftanstalt fliehen. Erst nach neun Tagen wird er in einer groß angelegten Fahndung gestellt. Die Staatssicherheit nimmt ihn erneut in Untersuchungshaft. Vom Bezirksgericht Potsdam wird er zu zusätzlich acht Jahren Freiheitsstrafe verurteilt. Im Mai 1969 wird Hötger wieder nach Bautzen II eingeliefert. Nach weiteren dreieinhalb Jahren Haft kauft ihn die Bundesrepublik Deutschland im September 1972 frei. Er arbeitet bis zu seinem Ruhestand im Jahr 2000 als kaufmännischer Angestellter.

Dieter Hötger lebt heute in Berlin.

Dieter Hötger nach seiner Flucht aus Bautzen II, 1967
BStU

Walter Janka

Politischer Gefangener von 1956 bis 1960

Walter Janka wird im Dezember 1956 von der Staatssicherheit festgenommen. Sie wirft ihm die Bildung einer »konterrevolutionären Gruppe« vor. Nach fast achtmonatiger Untersuchungshaft wird er im Juli 1957 in einem Schauprozess gemeinsam mit Gustav Just, Heinz Zöger und Richard Wolf wegen »Boykotthetze« zu fünf Jahren Zuchthaus verurteilt.

Janka, geboren 1914 in Chemnitz, stammt aus einer kommunistischen Arbeiterfamilie. Während der nationalsozialistischen Diktatur wird er wegen seiner Mitgliedschaft in der KPD im »Gelben Elend« in Bautzen inhaftiert. Nach seiner Entlassung flieht Janka 1935 ins Exil. Am Ende des Zweiten Weltkriegs kehrt er in die sowjetische Besatzungszone zurück. Janka wird Funktionär im Parteivorstand der SED und ist von 1948 bis 1950 Generaldirektor des ostdeutschen Filmstudios DEFA. Er wechselt zum Aufbau-Verlag, dessen Leitung er 1952 übernimmt. Janka gehört zu einer Gruppe von Intellektuellen, die Reformen innerhalb des sozialistischen Systems diskutieren. Nach dem Tod Stalins 1953 hoffen die Reformer auf eine Demokratisierung. Diese Hoffnungen zerrinnen, als im November 1956 der Ungarn-Aufstand durch sowjetische Truppen blutig niedergeschlagen wird. Kurz darauf werden Parteikritiker wie Janka verhaftet.

Seine Haftstrafe verbüßt Janka ab Februar 1958 in Bautzen II. Internationale Proteste veranlassen die SED-Führung, ihn im Dezember 1960 vorzeitig aus der Haft zu entlassen. Janka bleibt in der DDR. Bis zu seiner Pensionierung 1972 arbeitet er als Dramaturg. Im Oktober 1989 veröffentlicht er seine Memoiren »Schwierigkeiten mit der Wahrheit«, die großes Aufsehen in der DDR erregen. Das Oberste Gericht der DDR hebt im Januar 1990 das Urteil gegen ihn auf.

Walter Janka stirbt am 17. März 1994 in Kleinmachnow bei Berlin.

Walter Janka, 1989
Ullstein Bilderdienst

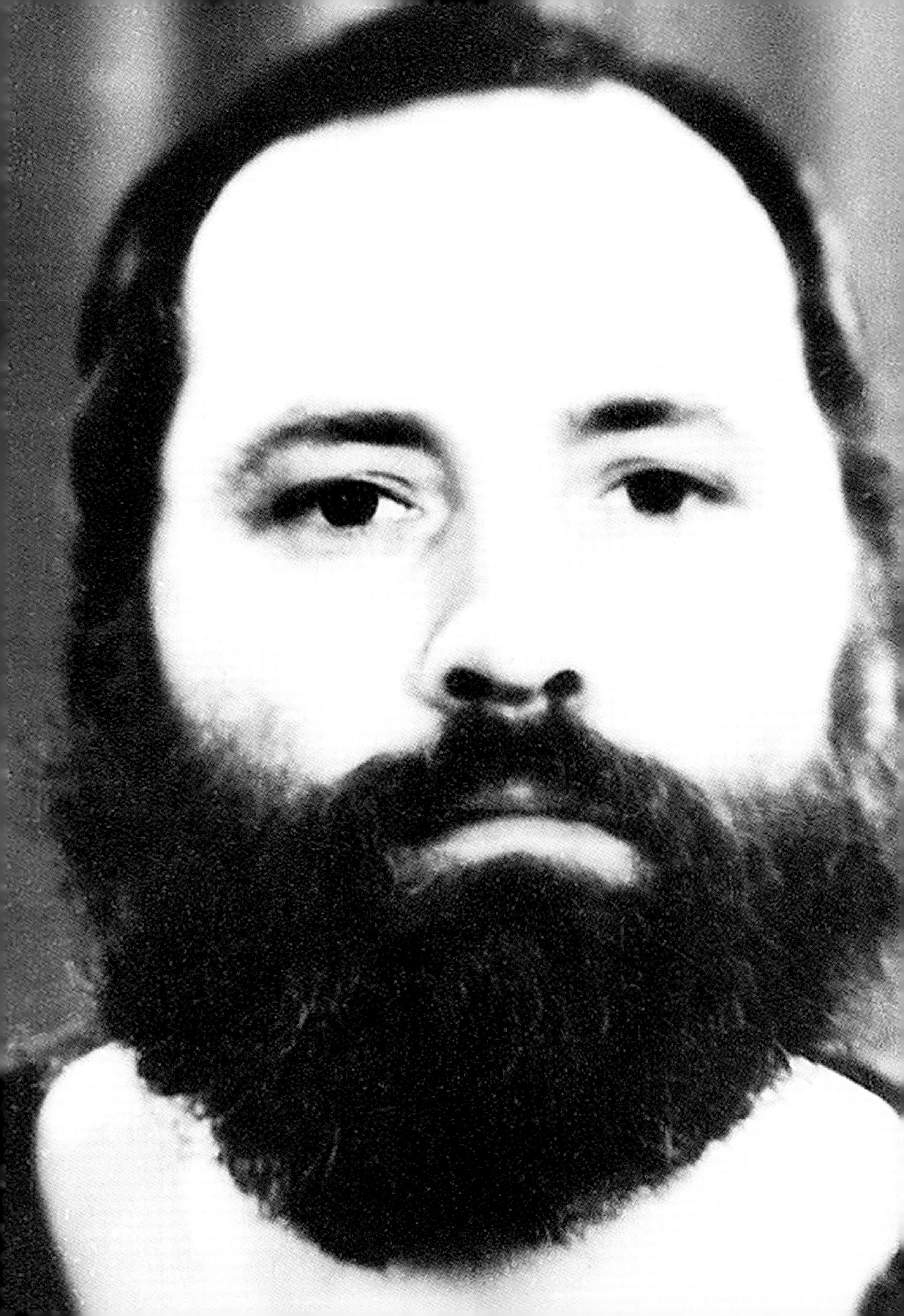

Thomas Klein

Politischer Gefangener von 1979 bis 1980

Thomas Klein setzt sich für reformsozialistische Ideen in der DDR ein. Im September 1979 wird er unter dem Vorwurf der »landesverräterischen Agententätigkeit« verhaftet.

Klein, geboren 1948 in Berlin, studiert nach dem Abitur Mathematik und arbeitet anschließend als Assistent an der Akademie der Wissenschaften. Angeregt durch die Demokratiebewegung des »Prager Frühlings« beteiligt er sich an reformsozialistischen Diskussionszirkeln. Die Ausbürgerung des Liedermachers Wolf Biermann aus der DDR 1976 verstärkt seine Distanz zum SED-Regime. Er engagiert sich bei Protestaktionen. Die Auflehnung gegen den Ausschluss von Autoren aus dem Schriftstellerverband der DDR führt 1979 zu seiner Inhaftierung.

In der Untersuchungshaft drängt die Staatssicherheit Klein, einen Antrag auf Ausreise aus der DDR zu stellen. Er weigert sich. Nach zehn Monaten Untersuchungshaft verurteilt ihn das Stadtgericht Berlin zu 15 Monaten Freiheitsstrafe. Ihm wird vorgeworfen, Kontakte zum West-Berliner Bahro-Komitee und anderen westlichen Hilfsorganisationen unterhalten zu haben. Von Juli bis Dezember 1980 verbüßt er seine Strafe in Bautzen II.

Nach der Entlassung wird Klein ein Arbeitsplatz in einer Möbelfabrik zugewiesen. Trotz ständiger Überwachung setzt er seine oppositionellen Aktivitäten fort. 1989 ist er Mitbegründer der »Vereinigten Linken«, für die er 1990 als Abgeordneter in die erste frei gewählte Volkskammer der DDR einzieht. 1991 hebt das Landgericht Berlin das Urteil gegen ihn auf.

Thomas Klein lebt heute in Berlin und arbeitet als Historiker.

Thomas Klein nach seiner Inhaftierung, 1979
BStU

Gerd Last

Politischer Gefangener von 1967 bis 1969

Gerd Last wird im Januar 1967 zusammen mit 14 Besatzungsmitgliedern eines U-Boot-Jagdschiffs der DDR-Volksmarine festgenommen. Ihnen wird vorgeworfen, gemeinschaftlich die Flucht in den Westen geplant zu haben.

Last, geboren 1944 auf Rügen, absolviert in Stralsund eine Lehre als Schiffsmaschinenbauer. Zur Ableistung seines Wehrdienstes wird er 1965 zur Marine einberufen. Unzufrieden mit den schlechten Lebensbedingungen und enttäuscht vom politischen System in der DDR, beschließen einige der Matrosen ihre Flucht in den Westen. Durch Verrat eines Besatzungsmitglieds erhält die Stasi Kenntnis von dem Vorhaben. Obwohl Last bereits Monate zuvor von dem Fluchtvorhaben Abstand genommen hat, wird auch er während eines Landurlaubs in Halberstadt festgenommen.

Der in Rostock im April 1967 durchgeführte Gruppenprozess findet unter Ausschluss der Öffentlichkeit statt. Last wird vom Militärobergericht Neubrandenburg wegen »versuchter Fahnenflucht mit Gewaltanwendung« zu drei Jahren und sechs Monaten Haft verurteilt. Einem Teil der Angeklagten wird zudem »Spionage« und »Nichtanzeigen einer geplanten Fahnenflucht« vorgeworfen. Sie erhalten Freiheitsstrafen zwischen zweieinhalb und 15 Jahren.

Zur Verbüßung der Haft werden Last und seine Kameraden nach Bautzen II eingewiesen. Die Gruppe wird streng von den anderen Gefangenen isoliert. Im Mai 1969 wird Last ein Drittel seiner Strafe erlassen. Er erhält eine dreijährige Bewährungsfrist. Erst 1972 kommen auch die letzten Inhaftierten der Gruppe wieder frei. Alle werden ausschließlich in die DDR entlassen. 1994 wird das Urteil vom Landgericht Neubrandenburg aufgehoben.

Gerd Last lebt heute in Flensburg.

Gerd Last vor seiner Einberufung, 1965
Privatbesitz

Erich Loest

Politischer Gefangener von 1957 bis 1964

Der DDR-Bürger Erich Loest setzt sich während der Phase der Entstalinisierung Mitte der fünfziger Jahre für eine Demokratisierung des Sozialismus ein. Er gerät damit in Opposition zur politischen Linie der Staatspartei SED. Im Zuge von innerparteilichen Säuberungen wird er im November 1957 festgenommen.

Loest, 1926 in Mittweida geboren, tritt 1947 der SED bei. Er arbeitet als Journalist bei der »Leipziger Volkszeitung«. Seit 1950 ist er als freier Schriftsteller in Leipzig tätig. Nach der Niederschlagung des Volksaufstands in der DDR am 17. Juni 1953 und des Ungarn-Aufstandes 1956 setzt er sich für Reformen innerhalb des sozialistischen Systems in der DDR ein.

Nach einem Jahr Stasi-Untersuchungshaft in Leipzig wird Erich Loest in einem Gruppenprozess vom Bezirksgericht Halle wegen »konterrevolutionärer, staatsfeindlicher Gruppenbildung« zu siebeneinhalb Jahren Haft verurteilt. Sein Prozess gehört zu einer Serie von Schauprozessen, die von der SED gegen führende Reformsozialisten wie Walter Janka und Wolfgang Harich inszeniert werden. Zur Verbüßung seiner Strafe weist die Stasi Loest im März 1959 nach Bautzen II ein. Im September 1964 wird er vorzeitig auf Bewährung in die DDR entlassen.

Loest arbeitet wieder als Schriftsteller in Leipzig. Er steht unter Überwachung durch die Staatssicherheit. Aus Protest gegen Zensurmaßnahmen tritt er 1979 aus dem DDR-Schriftstellerverband aus. 1981 gestattet ihm die SED die Übersiedlung in die BRD. Nach der Friedlichen Revolution hebt schon im April 1990 das Oberste Gericht der DDR das Urteil gegen ihn auf.

Erich Loest stirbt am 13. September 2013 in Leipzig.

Erich Loest kurz vor seiner Verhaftung, 1957
Privatbesitz

Erika Lokenvitz

Politische Gefangene von 1966 bis 1971

Am 15. Oktober 1966 wird Erika Lokenvitz in Ost-Berlin verhaftet. Gemeinsam mit einer Freundin hat sie zehn Jahre lang für den amerikanischen Geheimdienst CIA und den westdeutschen Verfassungsschutz spioniert.

Erika Lokenvitz, geboren 1921 in Berlin, absolviert eine kaufmännische Lehre. Nach dem Zweiten Weltkrieg arbeitet sie als Stenotypistin bei einem Ost-Berliner Betrieb für Fernmeldeanlagen. Aus einem kommunistischen Elternhaus stammend tritt Lokenvitz 1955 der SED bei. Noch im gleichen Jahr beginnt sie eine Zusammenarbeit mit der Staatssicherheit, der sie ihre Wohnung als geheimen Treffpunkt zur Verfügung stellt. 1956 lernt sie Gertrud Liebing kennen, die für die CIA als Agentin arbeitet. Durch den Einfluss der Freundin bilden sich bei ihr Zweifel am politischen System der DDR. Sie beginnt mit der Übermittlung von Informationen aus ihrem Arbeitsbereich an den amerikanischen Geheimdienst. Der Mauerbau 1961 erschwert die Informationsübermittlung zur CIA, aber beide Frauen können ihre Spionagetätigkeit fortsetzen. Erst 1966 kommt ihnen die Staatssicherheit auf die Spur.

Das Militärobergericht Berlin verurteilt Erika Lokenvitz im März 1967 wegen Spionage zu 10 Jahren Zuchthaus. Die ebenfalls wegen Spionage verurteilte Gertrud Liebing erliegt wenige Wochen nach der Gerichtsverhandlung einem Krebsleiden. Lokenvitz verbüßt ihre Haft ab Juni 1967 in Bautzen II. Die ersten zwei Jahre bleibt sie in Einzelhaft. Im Dezember 1971 wird sie aufgrund eines Gnadenentscheids vorzeitig aus der Haft entlassen. Sie kehrt nach Ost-Berlin zurück und ist in verschiedenen Betrieben als Hilfsarbeiterin tätig.

Erika Lokenvitz stirbt am 29. Juni 1982 in Ost-Berlin. Auf Antrag der Tochter hebt das Landgericht Berlin 2001 das Urteil aus dem Jahr 1967 auf.

Erika Lokenvitz nach ihrer Verhaftung, 1966
BStU

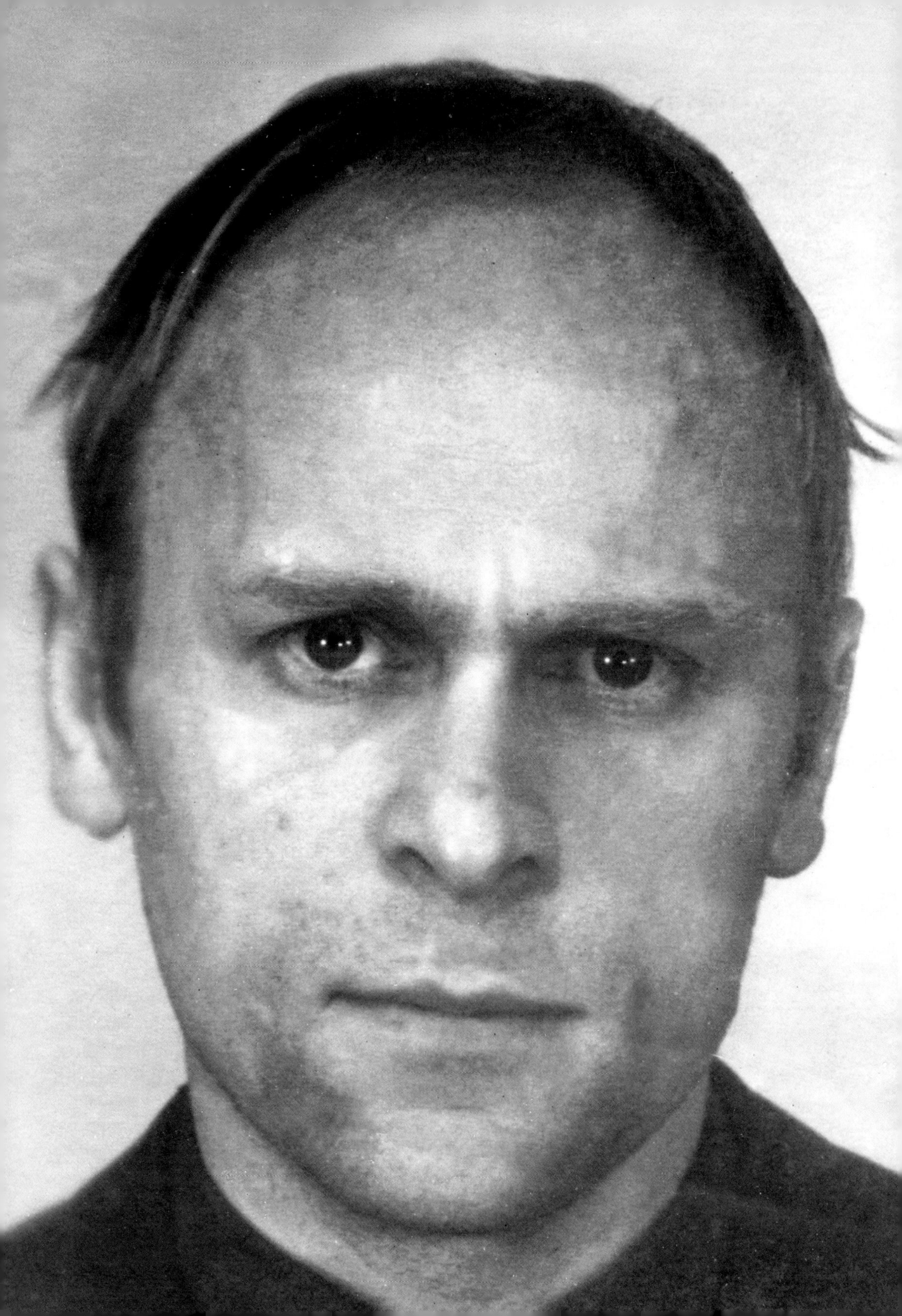

Manfred Matthies

Politischer Gefangener von 1972 bis 1976

Manfred Matthies engagiert sich aus Idealismus als Fluchthelfer. 1972 wird er während einer Fluchthilfeaktion von der Staatssicherheit festgenommen.

Matthies, geboren 1941 in Magdeburg, flieht 1959 nach West-Berlin. Nach dem Bau der Berliner Mauer im August 1961 bildet er mit anderen Studenten eine Fluchthelfergruppe. Sie fälschen Passierscheine und Ausweise, unterstützen Tunnelbauaktionen und fahren in Autos versteckte Flüchtlinge von Ost- nach West-Berlin. Bis zu ihrer Auflösung 1966 verhilft die Gruppe über 80 DDR-Bürgern zur Flucht. Matthies setzt seine Aktivitäten individuell fort und unterstützt fluchtwillige DDR-Bürger. 1972 wird er bei einer dieser Aktionen festgenommen. Die Frau, die er in einem umgebauten Wagen in den Westen bringen will, steht bereits unter Beobachtung der Staatssicherheit.

Das Stadtgericht Berlin verurteilt ihn im August 1973 wegen »staatsfeindlichen Menschenhandels«, »Spionage« und »Terror« zu einer Freiheitsstrafe von 13 Jahren. Im September 1973 wird er nach Bautzen II überstellt. Die Bundesrepublik kauft ihn im März 1976 frei. 2005 hebt das Landgericht Berlin das Urteil von 1973 auf.

Manfred Matthies lebt heute in Berlin und arbeitet als Architekt.

Manfred Matthies kurz vor seiner Entlassung, 1973
Privatbesitz

Peter Naundorf

Politischer Gefangener von 1985 bis 1989

Bei einer Reise in den Westen wird der DDR-Bürger Peter Naundorf im Januar 1985 am Grenzübergang Marienborn verhaftet. Jahrelang hat er an den westdeutschen Bundesnachrichtendienst (BND) Informationen übermittelt.

Peter Naundorf, geboren 1935 in Cuxhaven, lernt in Hamburg Hotelkaufmann. Verwandtschaftliche Bindungen sowie bessere Berufsaussichten lassen ihn 1953 in die DDR übersiedeln. Er macht Karriere in der staatlichen Gastronomie. Im Bezirk Halle baut er die DDR-Feinkostladenkette »Delikat« auf. Aufgrund seiner Funktion hat Naundorf Verbindungen zu Partei-, Militär- und Staatssicherheitsfunktionären im Bezirk. 1976 bekommt er seine erste von insgesamt sechs Westreisen genehmigt. Bei seinem ersten Westbesuch in Hamburg bietet Naundorf dem BND sein Wissen über die Strukturen des SED-Machtapparates an, weil er mit dem politischen System in der DDR unzufrieden ist. Seine jahrelange Spionagetätigkeit wird durch eine BND-Mitarbeiterin an die Staatssicherheit verraten.

Im Oktober 1985 verurteilt ihn das Militärobergericht der DDR in Berlin wegen »Spionage und landesverräterischer Nachrichtenübermittlung« zu acht Jahren Gefängnis. Im November 1985 wird Naundorf nach Bautzen II eingeliefert. Während des politischen Umbruchs in der DDR im Herbst 1989 ist er Sprecher des neugegründeten Häftlingsrates. Am 22. Dezember 1989 wird Naundorf zusammen mit den letzten politischen Häftlingen aus Bautzen II entlassen. Im Oktober 1994 hebt das Landgericht Berlin das Urteil gegen ihn auf.

Peter Naundorf lebt heute in der Nähe von Hamburg.

Peter Naundorf kurz nach seiner Entlassung, 1990
Privatbesitz

Renate Persich

Politische Gefangene von 1983 bis 1984

Renate Persich und ihr Mann nehmen Anfang der achtziger Jahre Kontakt mit dem westdeutschen Bundesministerium für innerdeutsche Beziehungen auf. Sie wollen ihren Antrag auf Ausreise aus der DDR beschleunigen. Gemeinsam werden sie im Oktober 1983 von der Staatssicherheit verhaftet.

Persich, geboren 1949 in Ober-Ebersbach bei Riesa, arbeitet als Krankenschwester. Sie ist kirchlich gebunden und steht in Verbindung mit oppositionellen und ausreisewilligen DDR-Bürgern aus Dresden. 1982 entschließt auch sie sich, gemeinsam mit ihrem Mann einen Antrag auf Ausreise zu stellen. Beide sehen für sich und ihre Kinder in der DDR keine Perspektiven. Wegen der kirchlichen Bindung der Familie bleiben den Kindern Bildungschancen verwehrt. Ihr Ehemann kann sich als Kfz-Mechaniker nicht selbständig machen. Nach der Antragstellung beginnt die Staatssicherheit mit der Überwachung der Familie. Drohungen, Verhöre und Schikanen, aber auch Versprechungen sollen zur Rücknahme des Antrags führen. Hilfesuchend wenden sich die Persichs an westdeutsche Einrichtungen.

Der Kontakt in den Westen wird von Bekannten an die Staatssicherheit verraten. Nach viermonatiger Untersuchungshaft wird das Ehepaar im Januar 1984 vom Bezirksgericht Dresden wegen »mehrfach begangener landesverräterischer Nachrichtenübermittlung« zu drei Jahren und sieben Monaten Haft verurteilt. Renate Persich kommt nach Bautzen II, ihr Ehemann nach Cottbus, später nach Brandenburg. Nach zehnmonatiger Haft werden sie im November 1984 von der Bundesrepublik Deutschland freigekauft. Ihre minderjährigen Kinder können ihnen vier Wochen später in den Westen folgen. 1992 hebt des Bezirksgericht Dresden das Urteil auf.

Renate Persich und ihre Familie leben heute in Hessen.

Renate Persich kurz vor ihrer Haftentlassung, 1984
Privatbesitz

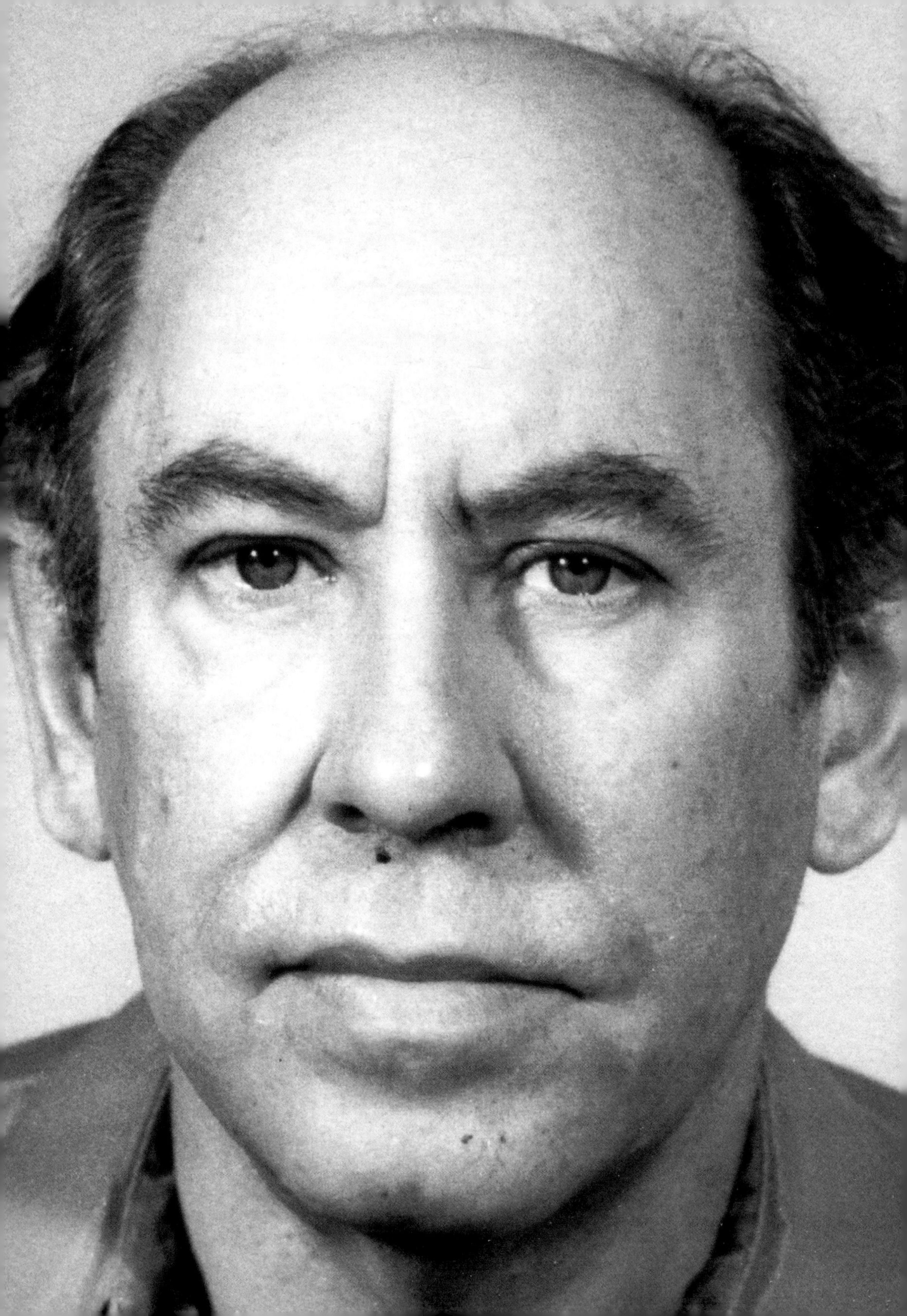

Armin Raufeisen

Politischer Gefangener seit 1981 – gestorben am 12. Oktober 1987

Der ehemalige Auslandsspion der DDR Armin Raufeisen will mit seiner Familie in den Westen überlaufen. Gemeinsam werden sie im September 1981 verhaftet.

Raufeisen, geboren 1928 in Ostpreußen, kommt 1957 als DDR-Flüchtling mit seiner Frau Charlotte in den Westen. Er macht beim Energieunternehmen Preussag in Hannover Karriere. Niemand ahnt, dass er Agent der Stasi ist. Über zwanzig Jahre lang gibt er Informationen über sein Berufsumfeld weiter. Nach dem Überlaufen eines Stasi-Offiziers in den Westen 1979 gerät die Tarnung Raufeisens in Gefahr. Er kehrt mit seiner ahnungslosen Familie unter dem Vorwand eines Verwandtenbesuchs in die DDR zurück. Dort eröffnet er ihr die langjährige Spionagetätigkeit. Nur der bereits volljährige Sohn Michael kann wieder in den Westen zurück. Aufgrund der familiären Konflikte und der realen Lebensumstände in der DDR wandelt sich Raufeisens politische Einstellung. Er setzt sich für eine Rückkehr der Familie in den Westen ein. Als die offiziellen Anträge auf Ausreise abgelehnt werden, sucht er Kontakt zu westlichen Geheimdiensten. Die geplante Familienflucht scheitert, da die Stasi über eine undichte Stelle beim westdeutschen Verfassungsschutz von dem Vorhaben erfährt.

Das Militärobergericht Berlin verurteilt Armin Raufeisen wegen »Spionage« zu lebenslanger Haft. Charlotte erhält eine siebenjährige, der inzwischen 18-jährige Sohn Thomas eine dreijährige Haftstrafe. Die Familie wird im November 1982 nach Bautzen II eingewiesen. Nach Verbüßung der Haft kann Thomas Raufeisen in den Westen ausreisen. Charlotte Raufeisen wird 1988 in die DDR entlassen. Im April 1989 kann sie in den Westen ausreisen.

Armin Raufeisen stirbt am 12. Oktober 1987 im Haftkrankenhaus Leipzig-Meusdorf nach einer Operation. Bis heute sind die genauen Todesumstände nicht geklärt. Das Landgericht Berlin hebt 1995 die Urteile gegen Armin Raufeisen, seine Frau und seinen Sohn auf.

Armin Raufeisen, Foto aus der Haftakte, 1982
BStU

Hartmut Richter

Politischer Gefangener von 1975 bis 1980

Hartmut Richter wird im März 1975 am Grenzübergang Berlin-Drewitz verhaftet. Der West-Berliner hat versucht, seine in der DDR lebende Schwester im Kofferraum seines Autos in den Westen zu bringen.

Richter, geboren 1948 in Glindow bei Potsdam, wächst in der DDR auf. Mit 18 Jahren unternimmt er einen Fluchtversuch in den Westen, der aber mit seiner Verhaftung endet. Das Urteil wird zur Bewährung ausgesetzt. Er kann seine Lehre als Betriebs- und Verkehrseisenbahner beenden. Richters zweiter Fluchtversuch gelingt. Im August 1966 durchschwimmt er den Teltowkanal nach West-Berlin.

Im Westen arbeitet Richter als Kellner. Nach Abschluss des deutsch-deutschen Transitabkommens 1972 beginnt er mit der Fluchthilfe für DDR-Bürger. Bis 1975 gelingt es ihm, 33 Menschen über die Transitstrecken in die Bundesrepublik zu bringen. Im März 1975 will er seine noch in der DDR lebende Schwester und deren Verlobten in den Westen holen. Doch an der Grenze werden sie bereits von der Staatssicherheit erwartet. In der Untersuchungshaft weist ihm die Stasi Fluchthilfe in 18 Fällen nach. Richter wird wegen »staatsfeindlichen Menschenhandels« zur Höchststrafe von 15 Jahren verurteilt. Zunächst wird er in Berlin-Rummelsburg inhaftiert, dann aber wegen seiner Widersetzlichkeit im Dezember 1977 nach Bautzen II in Einzelhaft verlegt. Auch in Bautzen kommt er wegen seines Widerstands gegen das strenge Anstaltsregime mehrmals in Arrest. Im Oktober 1980 kauft ihn die Bundesrepublik Deutschland frei. Sofort nach seiner Entlassung engagiert er sich in der Internationalen Gesellschaft für Menschenrechte. Bis heute arbeitet er als Zeitzeuge in Berliner Gedenkstätten. 1992 hebt das Bezirksgericht Potsdam das Urteil gegen ihn auf.

Hartmut Richter lebt heute in Berlin.

Hartmut Richter kurz nach seiner Verhaftung, 1975
BStU

Bodo Strehlow

Politischer Gefangener von 1979 bis 1989

Bodo Strehlow will im August 1979 mit einem Schiff der DDR-Volksmarine über die Ostsee in den Westen fliehen. Die Flucht scheitert.

Strehlow, Jahrgang 1957, verpflichtet sich nach dem Abitur für vier Jahre zum Dienst bei der Volksmarine der DDR. Er hofft dadurch, den gewünschten Physikstudienplatz in Moskau zu bekommen. Während seines Dienstes auf einem Patrouillenschiff ist er daran beteiligt, DDR-Flüchtlinge auf der Ostsee aufzugreifen. Seine Zweifel am Grenzregime der DDR wachsen. Er protestiert gegen die unmenschliche Behandlung der aufgegriffenen Flüchtlinge und legt sein Amt als FDJ-Sekretär an Bord nieder. Ihm wird mit der Aberkennung seines Studienplatzes gedroht. Strehlow sieht keine Perspektiven mehr für sich in der DDR. Im August 1979 schließt er die Besatzung unter Deck ein und nimmt Kurs nach Westen. Die Mannschaft sprengt das verschlossene Luk auf. Strehlow gibt Warnschüsse in die Luft ab. Durch den Einsatz von Handgranaten wird er schwer verletzt überwältigt. Er kommt in Stasi-Untersuchungshaft nach Berlin-Hohenschönhausen. Im April 1980 verurteilt das Militärobergericht der DDR in Neubrandenburg Strehlow zu lebenslanger Haft wegen »Terror, mehrfachen versuchten Mordes, Fahnenflucht und Geheimnisverrat«.

Im Juli 1980 weist ihn die Stasi nach Bautzen II ein. Er ist über neun Jahre lang in Isolationshaft. In Folge der Friedlichen Revolution wird Strehlow im Dezember 1989 begnadigt. Er verlässt sofort die DDR und beginnt in Heidelberg ein Physikstudium. Das Landgericht Neubrandenburg hebt 1992 das Urteil gegen ihn auf.

Bodo Strehlow lebt heute in Heidelberg und arbeitet in der Computerbranche.

Bodo Strehlow nach einem Jahr Flottenschule, 1976
Privatbesitz

Heike Waterkotte

Politische Gefangene von 1976 bis 1978

Die in West-Berlin lebende Heike Waterkotte beteiligt sich an Protesten gegen die Ausbürgerung des DDR-Liedermachers Wolf Biermann. Im Dezember 1976 wird sie in Ost-Berlin von der Staatssicherheit festgenommen.

Heike Waterkotte, geboren 1956 in Wanne-Eickel, verliebt sich bei regelmäßigen Besuchen kirchlicher Gruppen in Ost-Berlin in einen DDR-Bürger. Nach ihrem Abitur 1976 zieht sie nach West-Berlin und leistet ein freiwilliges soziales Jahr ab. Aufgrund der persönlichen Beziehung, aber auch aus Idealismus engagiert sie sich stark in den politischen Diskussionen in ihrem Ost-Berliner Freundeskreis. Die Ausbürgerung Biermanns wird für die Jugendlichen zum Auslöser, offen gegen die repressive Innenpolitik der SED zu protestieren. Gemeinsam verfassen sie im November 1976 einen Aufruf. Waterkotte lässt ihn im Westen drucken und schmuggelt 500 Exemplare in den Ostteil der Stadt. Unbehelligt kehrt sie zurück. Die Freunde werden bei der Verteilung der Flugblätter verhaftet. Waterkotte ahnt das Scheitern der Aktion. Trotzdem wagt sie sich eine Woche später nach Ost-Berlin. Am Grenzübergang wird sie sofort festgenommen.

Das Stadtgericht Berlin verurteilt Heike Waterkotte im Dezember 1976 wegen »staatsfeindlicher Hetze« zu drei Jahren und acht Monaten Haft. Im August 1977 wird sie nach Bautzen II eingeliefert. Die drei Ost-Berliner Freunde erhalten Strafen von bis zu dreieinhalb Jahren Haft, die sie bis zu ihrem Freikauf durch die Bundesrepublik in Brandenburg verbüßen. Im Mai 1978 wird auch Heike Waterkotte freigekauft. Das Landgericht Berlin hebt 1993 das Urteil gegen sie auf.

Heike Waterkotte lebt heute in Hamburg und arbeitet als Sozialpädagogin.

Heike Waterkotte, 1972
Privatbesitz

Anton Wohsmann

Politischer Gefangener von 1965 bis 1970

Anton Wohsmann ist Mitarbeiter der Staatssicherheit. Im September 1965 begeht er Fahnenflucht. In Grenznähe zu West-Berlin wird er von einer Streife der Volkspolizei aufgegriffen und der Staatssicherheit übergeben.

Wohsmann, geboren 1937 in Ostpreußen, kommt 1945 als Flüchtling in die sowjetische Besatzungszone. Der gelernte Werkzeugmacher wird 1964 wegen der guten Verdienstmöglichkeiten Unteroffizier im Wachdienst einer Kreisdienststelle der Staatssicherheit. Bald erkennt er, dass die Stasi vor allem der Unterdrückung der eigenen Bevölkerung dient. Wohsmann will den Dienst quittieren, aber mehrere Entlassungsgesuche bleiben unberücksichtigt. Darauf versucht er vergebens, durch fortgesetzte disziplinarische Verstöße seine Entlassung zu erreichen. Schließlich bleibt er dem Dienst fern. In der Hoffnung auf eine Fluchtmöglichkeit in den Westen fährt Wohsmann nach Ost-Berlin. Im Oktober 1965 greift ihn eine Polizeistreife auf.

Nach fünf Monaten Untersuchungshaft verurteilt ihn das Militärobergericht Berlin im März 1966 wegen »Fahnenflucht, versuchtem illegalen Grenzübertritt und staatsgefährdender Gewaltakte« zu fünf Jahren und sechs Monaten Haft. Seine Strafe verbüßt Wohsmann in Bautzen II. Im September 1970 wird er in die DDR entlassen und arbeitet in einem volkseigenen Baustoffbetrieb. Nach der Friedlichen Revolution wird er 1990 Betriebsratsvorsitzender. 1992 geht er in den Vorruhestand. Das Landgericht Berlin hebt 1993 das Urteil gegen ihn auf.

Anton Wohsmann lebt heute als Rentner in Brandenburg.

Anton Wohsmann als Angehöriger des Wachdienstes der Stasi, 1964
Privatbesitz

382

Hossein Yazdi

Politischer Gefangener von 1961 bis 1977

Hossein Yazdi spioniert seit 1957 für den Geheimdienst des iranischen Schah-Regimes. Im Oktober 1961 wird er am alliierten Grenzübergang »Checkpoint Charlie« in Berlin von der Staatssicherheit festgenommen.

Yazdi, geboren 1934 in Teheran, wächst in einem kommunistisch geprägten Elternhaus auf, das dem Schah-Regime kritisch gegenübersteht. 1954 geht er zum Studium in die DDR. Doch Yazdi wendet sich von seinen kommunistischen Überzeugungen ab und bietet sich dem iranischen Geheimdienst als Spion an. Er bespitzelt Mitglieder der iranischen kommunistischen Partei, die in der DDR im Exil leben.

Die Staatssicherheit nimmt Yazdi ins Visier, obwohl sein Handeln nicht gegen die DDR gerichtet ist. Gemeinsam mit seinem Bruder Feridoun, der seine Spionagetätigkeit unterstützt hat, wird Yazdi 1961 verhaftet. Das Bezirksgericht Leipzig verurteilt beide im Juli 1962 wegen »Verbrechen gegen das Gesetz zum Schutz des Friedens«, Hossein Yazdi zu einer lebenslänglichen Zuchthausstrafe, seinen Bruder zu acht Jahren. Beide werden nach Bautzen II eingeliefert und sind bis zur Entlassung von Feridoun 1969 zusammen in Isolationshaft. Kurz vor einem geplanten Staatsbesuch des Schahs in der DDR wird Hossein Yazdi im Mai 1977 nach fünfzehneinhalb Jahren aus der Haft entlassen. Er kehrt nach Teheran zurück und arbeitet als Journalist. Nach dem Sturz des Schah-Regimes 1979 emigriert er nach West-Berlin. 1992 hebt das Bezirksgericht Leipzig das Urteil von 1962 auf.

Hossein Yazdi lebt heute in Berlin und arbeitet als Journalist.

Hossein Yazdi bei der Einlieferung nach Bautzen II, 1962
BStU

Anhang

Weiterführende Literatur

Staatssicherheit und Untersuchungshaft

Beleites, Johannes, Schwerin. Demmlerplatz. Die Untersuchungshaftanstalt des Ministeriums für Staatssicherheit in Schwerin, Berlin 2001.

Fricke, Karl Wilhelm/Engelmann, Roger, »Konzentrierte Schläge«. Staatssicherheitsaktionen und politische Prozesse in der DDR 1953–1956, Berlin 1998.

Fricke, Karl Wilhelm, Die DDR-Staatssicherheit, Köln 1989.

Gieseke, Jens, Der Mielke-Konzern. Geschichte der Stasi 1945–1990, Stuttgart 2006.

Henke, Klaus-Dietmar/Suckut, Siegfried/Vollnhals, Clemens/Süß, Walter/Engelmann, Roger, Anatomie der Staatssicherheit. Geschichte, Struktur und Methoden, Berlin 1995.

Möbius, Sascha, »Grundsätzlich kann von jedem Beschuldigten ein Geständnis erlangt werden«. Die Untersuchungshaftanstalt Magdeburg-Neustadt von 1957 bis1970, Magdeburg 1999.

Sélitrenny, Rita, Doppelte Überwachung. Geheimdienstliche Ermittlungsmethoden in den DDR-Untersuchungshaftanstalten, Berlin 2003.

Weinke, Annette/Hacke, Gerald, U-Haft am Elbhang. Die Untersuchungshaftanstalt der Bezirksverwaltung des Ministeriums für Staatssicherheit in Dresden 1945 bis 1989/90, Dresden 2004.

Zahn, Hans-Eberhard, Haftbedingungen und Geständnisproduktion in den Untersuchungshaftanstalten des MfS, Berlin 1997.

Strafvollzug

Ansorg, Leonore, Politische Häftlinge im Strafvollzug der DDR. Die Strafvollzugsanstalt Brandenburg, Berlin 2005.

Bastian, Uwe/Neubert, Hildigund, Schamlos ausgebeutet. Das System der Haftzwangsarbeit politischer Gefangener des SED-Staates, Berlin 2003.

Beckmann, Andreas/Kusch, Regina, Gott in Bautzen. Gefangenenseelsorge in der DDR, Berlin 1994.

Borchert, Jens, Erziehung im DDR-Strafvollzug, Herbholzheim 2002.

Brey, Hans-Michael, Doppelstaat DDR. Menschenrechtsverletzungen der Deutschen Volkspolizei, Frankfurt am Main 1999.

Finn, Gerhard/Fricke, Karl Wilhelm, Politischer Strafvollzug in der DDR, Köln 1981.

Fricke, Karl Wilhelm/Klewin, Silke: Bautzen II. Sonderhaftanstalt unter MfS-Kontrolle 1956 bis 1989, Leipzig 2007.

Fricke, Karl Wilhelm, Zur Menschen- und Grundrechtssituation politischer Gefangener in der DDR. Analyse und Dokumentation, Köln 1988.

Heyme, Torsten, »Ich kam mir vor wie 'n Tier«. Knast in der DDR, Berlin 1991.

Humaner Strafvollzug und politischer Missbrauch. Zur Geschichte der Strafvollzugsanstalten 1904 bis 2000, hrsg. v. Sächsischen Staatsministerium der Justiz (Sächsische Justizgeschichte 10), Dresden 1999.

Müller, Klaus-Dieter/Stephan, Annegret (Hrsg.), Die Vergangenheit lässt uns nicht los. Haftbedingungen politischer Gefangener in der SBZ/DDR und deren gesundheitliche Folgen, Berlin 1998.

Pfütze, Peter, Besuchszeit. Westdiplomaten in besonderer Mission, Berlin 2006.

Pötzl, Norbert F., Basar der Spione. Die geheimen Missionen des DDR-Unterhändlers Wolfgang Vogel, Hamburg 1997.

Priebe, Stefan/Denis, Doris/Bauer, Michael (Hrsg.), Eingesperrt und niemals frei. Psychisches Leiden nach politischer Haft in der DDR, Darmstadt 1996.

Rehlinger, Ludwig, Freikauf. Die Geschäfte der DDR mit politisch Verfolgten 1963–1989, Frankfurt a.M. 1991.

Schmidt-Pohl, Jürgen (Hrsg.), DDR-Haftzwangsarbeit politischer Gefangener, Schwerin 2003.

Wunschik, Tobias, Das »Organ Strafvollzug« im Ministerium des Inneren der DDR, in: Die DDR – Politik und Ideologie als Instrument, hrsg. v. Heiner Timmermann, Berlin 1999, S. 489 ff.

Zeidler, Manfred, MfS-Sonderhaftanstalt Bautzen II. Herausgegeben vom Hannah-Arendt-Institut für Totalitarismusforschung an der Technischen Universität Dresden, Dresden 1994.

Politische Justiz in der DDR

Engelmann, Roger/Vollnhals, Clemens (Hrsg.), Justiz im Dienste der Parteiherrschaft, Berlin 2000.

Fricke, Karl Wilhelm, Politik und Justiz in der DDR. Zur Geschichte der politischen Verfolgung 1945–1968. Bericht und Dokumentation, Köln 1990.

Raschka, Johannes, Justizpolitik im SED-Staat. Anpassung und Wandel des Strafrechts während der Amtszeit Honeckers, Köln/Weimar/ Wien 2000.

Raschka, Johannes, Zwischen Überwachung und Repression. Politische Verfolgung in der DDR 1971 bis 1989, Opladen 2001.

Wentker, Hermann, Justiz in der SBZ/DDR 1945–1953, München 2001.

Werkentin, Falco, Politische Strafjustiz in der Ära Ulbricht. Vom bekennenden Terror zur verdeckten Repression, Berlin 1997.

Einzelschicksale

Aretz, Jürgen/Stock, Wolfgang (Hrsg.), Die vergessenen Opfer der DDR. 13 erschütternde Berichte mit Original-Stasi-Akten, Bergisch-Gladbach 1997.

Baganz, André, Lebenslänglich Bautzen. Als Farbiger in der DDR, Berlin/Bonn 1993.

Borgmann, Reinhard/Staadt, Jochen, Deckname Markus. Zwei Topagentinnen im Herzen der Macht, Berlin 1998.

Brandt, Heinz, Ein Traum, der nicht entführbar ist. Mein Weg zwischen Ost und West, München 1967.

Crüger, Herbert, Verschwiegene Zeiten. Vom geheimen Apparat der KPD ins Gefängnis der Staatssicherheit, Berlin 1990.

Fricke, Karl Wilhelm, Akten-Einsicht. Rekonstruktion einer politischen Verfolgung, Berlin 1995.

Harich, Wolfgang, Keine Schwierigkeiten mit der Wahrheit. Zur nationalkommunistischen Opposition 1956 in der DDR, Berlin 1993.

Henkel, Rüdiger, Was treibt den Spion? Spektakuläre Fälle von der »Schönen Sphinx« bis zum »Bonner Dreigestirn«, Berlin 2001.

Herzberg, Guntolf/Seifert, Kurt, Rudolf Bahro – Glaube an das Veränderbare. Eine Biographie, Berlin 2002.

Janka, Walter, Schwierigkeiten mit der Wahrheit, Berlin 1990.

Janka, Walter, Spuren eines Lebens, Berlin 1991.

Just, Gustav, Zeuge in eigener Sache. Die fünfziger Jahre in der DDR. Mit einem Vorwort von Christoph Hein, Berlin 1990.

Kaff, Brigitte (Hrsg.), »Gefährliche politische Gegner«. Widerstand und Verfolgung in der sowjetischen Zone/DDR, Düsseldorf 1995.

Klewin, Silke/Wenzel, Kirsten (Hrsg.), Wege nach Bautzen II. Biographische und autobiographische Porträts. Reihe: Lebenszeugnisse – Leidenswege, Dresden 2003.

Knechtel, Rüdiger/Fiedler, Jürgen (Hrsg.), Stalins DDR. Berichte politisch Verfolgter, Leipzig 1991.

Kuo, Xing-Hu, Ein Chinese in Bautzen II. 2675 Nächte im Würgegriff der Stasi, Böblingen 1990.

Lapp, Peter Joachim, Georg Dertinger: Journalist – Außenminister – Staatsfeind, Freiburg 2005.

Loest, Erich, Durch die Erde ein Riss. Ein Lebenslauf, Hamburg 1981.

Sälter, Gerhard, Interne Repression. Die Verfolgung übergelaufener MfS-Offiziere durch das MfS und die DDR-Justiz (1954–1966), Dresden 2002.

Schute, Claudia (Hrsg.), Schicksal Bautzen. Politische Häftlinge der SBZ/DDR erzählen – junge Journalisten porträtieren, Sankt Augustin 1999.

Sieberer, Hannes/Kierstein, Herbert, Verheizt und vergessen. Ein US-Agent und die DDR-Spionageabwehr, Berlin 2005.

Strech, Ulrich, In der Hölle von Bautzen oder: Der gefangene Eros, Frankfurt/Main 1991.

Wonschick, Helmut (Hrsg.), Maria und Adolf Henning Frucht. Briefe aus Bautzen II, Berlin 1992.

Zoratto, Bruno, DDR-Mord am Genossen Corghi. Italienische Opfer der SED/Stasi-Willkür. Mit einem Vorwort von Gustav Just, Böblingen 1991.

Überblicksdarstellungen

Detjen, Marion, Ein Loch in der Mauer. Die Geschichte der Fluchthilfe im geteilten Deutschland 1961–1989, Berlin 2005.

Herzberg, Guntolf, Anpassung und Aufbegehren. Die Intelligenz der DDR in den Krisenjahren 1956/58, Berlin 2006.

Klein, Thomas/Otto, Wilfriede/Grieder, Peter (Hrsg.), Visionen. Repression und Opposition in der SED (1949–1989), Frankfurt/Oder 1996.

Kuhrt, Eberhard (Hrsg.), Opposition in der DDR von den 70er Jahren bis zum Zusammenbruch der SED-Herrschaft, Opladen 1999.

Neubert, Erhart, Geschichte der Opposition in der DDR 1949–1989, Berlin 1997.

Abkürzungsverzeichnis

Abt.	Abteilung
Abt. BCD	Abteilung Bewaffnung/Chemischer Dienst
AG	Arbeitsgruppe
AGM	Arbeitsgruppe des Ministers
AK	Ansichtskarte
AKG	Auswertungs- und Kontrollgruppe
AP	Associated Press
App.	Apparat
ARD	Arbeitsgemeinschaft der öffentlich-rechtlichen Rundfunkanstalten der Bundesrepublik Deutschland
ASTAK	Antistalinistische Aktion Berlin Normannenstraße e. V.
BArch	Bundesarchiv
BdL	Büro der Leitung
BDVP	Bezirksbehörde der Deutschen Volkspolizei
BKK	Bereich Kommerzielle Koordinierung
BRD	Bundesrepublik Deutschland
BStU	Der/die Bundesbeauftragte für die Unterlagen der Staatssicherheit der ehemaligen Deutschen Demokratischen Republik
BV	Bezirksverwaltung
DDR	Deutsche Demokratische Republik
DH	Diensthabender
DK	Dynamische Kapsel
DM	Deutsche Mark
dpa	Deutsche Presseagentur
DVP	Deutsche Volkspolizei
EDV	Elektronische Datenverarbeitung
Eff.	Effekten
EG	Europäische Gemeinschaft
FML	Fernmeldewerk Leipzig
Gen.	Genosse
GHI	Geheimer Hauptinformator
GI	Geheimer Informator
GMS	Gesellschaftlicher Mitarbeiter für Sicherheit
GVS	Geheime Verschlusssache
HA	Hauptabteilung
HA KuSch	Hauptabteilung Kader und Schulung
HA PS	Hauptabteilung Personenschutz
HKH	Haftkrankenhaus
Hptm.	Hauptmann
HW	Hauswerkstätten
IGFM	Internationale Gesellschaft für Menschenrechte
IM	Inoffizieller Mitarbeiter
JH	Jugendhaftanstalt
JHS	Juristische Hochschule des MfS in Potsdam
JVA	Justizvollzugsanstalt
KD	Kreisdienststelle
KFZ	Kraftfahrzeug(-s)
KGB	(russ.: Komitet gossudarstwennoi besopasnosti dt.: Komitee für Staatssicherheit) Geheimdienst der Sowjetunion
KPD	Kommunistische Partei Deutschlands
Kr.	Kreis
KSZE	Konferenz über Sicherheit und Zusammenarbeit in Europa
Ltr.	Leiter
MdI	Ministerium des Innern
MfS	(Stasi) Ministerium für Staatssicherheit
MftrD	Medaille für treue Dienste
Mstr.	Meister
NATO	engl. Kurzwort: North Atlantic Treaty Organization, dt.: Organisation der Unterzeichner des Nordatlantikpakts
NS	Nationalsozialismus
NVA	Nationale Volksarmee
ODH	Offizier des Hauses
Offz.	Offizier
OfS	Offizier für Sonderaufgaben
OibE	Offizier im besonderen Einsatz
Olt.	Oberleutnant
Op.	Operativ
OSL	Oberstleutnant
OTE	Operativ-technischer Einsatz
OTS	Operativ-technischer Sektor
PS	Paketschein
Postenfhr.	Postenführer
RFT	Rundfunk- und Fernmeldetechnik
SED	Sozialistische Einheitspartei Deutschlands
SHStA	Sächsisches Hauptstaatsarchiv Dresden

soz.	sozialistisch
Stellv.	Stellvertreter/Stellvertretender
StVA	Strafvollzugsanstalt
StVE/SVE	Strafvollzugseinrichtung
SV	Strafvollzug(-s)
TB	Terminbrief
UdSSR	Union der Sozialistischen Sowjetrepubliken (bis 1991)
UHA	Untersuchungshaftanstalt
U-Haft	Untersuchungshaft
Ultn.	Unterleutnant
UnA	Urteil nach Antrag
UNO	engl. Kurzwort: United Nations Organization, dt.: Organisation der Vereinten Nationen
VD	Vertrauliche Dienstsache
VEB	Volkseigener Betrieb
VM	Verdienstmedaille
Vollzugsd.	Vollzugsdienst
Vollzugsges.	Vollzugsgeschäftsstelle
VP	Volkspolizei
VRD	Verwaltung Rückwärtige Dienste
VR-Nr.	Verwahrraum-Nummer
VSV	Verwaltung Strafvollzug
WK	Weihnachtskarte
Wm	Wachtmeister
ZAGG	Zentrale Arbeitsgruppe Geheimnisschutz
ZAIG	Zentrale Auswertungs- und Informationsgruppe
ZDF	Zweites Deutsches Fernsehen
ZI	Zelleninformator
ZKG	Zentrale Koordinierungsgruppe
ZMD	Zentraler Medizinischer Dienst
ZOS	Zentraler Operativstab

Abbildungsverzeichnis

BStU S. 33, 39, 41 ff., 54, 57 f., 70 f., 76, 81, 125, 127, 128 ff., 136, 148 f., 157, 175 f., 191, 195, 201, 209, 211, 219

Bundesarchiv Berlin S. 104

Bundesbildstelle S. 183

Deutsche Presseagentur S. 185

Historische Sammlung Gedenkstätte Bautzen S. 15, 32, 34, 42, 46, 59, 72, 74, 84 ff., 88/89, 90, 99 ff., 103, 107, 110 f., 116, 119, 143, 155 f., 161 f., 164, 169, 172

IGFM/Erhard Göhl S. 96/97

Jürgen Matschie S. 6, 12 f, 16, 18/19, 23, 25, 27, 39, 43, 47, 63, 65, 67 ff., 79, 91, 105, 108/109, 117, 120/121, 123, 134 f., 139, 141, 146, 150, 159, 161 f., 164, 167, 170, 172 f., 180/181

JVA Bautzen S. 86, 151, 166

Luftbild Otto Niederwillingen S. 10

Matthias Melzer S. 29

Sächsisches Hauptstaatsarchiv Dresden S. 80, 115

Stadtarchiv Bautzen S. 113

Stern Magazin Hamburg S. 36/37

Ullstein Bilderdienst S. 92, 193

Umschlagporträts

vorn (v. l. n. r.): Sigrid Grünewald, Erich Loest, Manfred Matthies

hinten (v. l. n. r.): Rudolf Bahro, Georg Dertinger, Karl Wilhelm Fricke

Innentitel (v. l. n. r.): Walter Janka, Renate Persich, Anton Wohsmann

Sämtliche Innen- und Außenaufnahmen von Bautzen II, soweit sie nicht zeitlich eingeordnet sind, sowie die Objektabbildungen sind zwischen 1999 und 2007 entstanden. Für alle nicht aufgeführten Abbildungen danken die Autoren und der Verlag privaten Leihgebern. Die Herausgeber haben sich intensiv bemüht, alle Urheberrechte zu ermitteln. Sollte es in Einzelfällen nicht gelungen sein, Rechteinhaber zu benachrichtigen, so bitten wir diese, sich bei der Gedenkstätte Bautzen zu melden. Berechtigte Ansprüche werden im Rahmen der üblichen Verein barungen selbstverständlich abgegolten.

Stichwortregister

Medienbeiträge

Zentraler Ausstellungsraum

Einweisung

Video
Prozessbericht über eine Gruppenverurteilung vor dem Obersten Gericht der DDR. Werner Haase, Siegfried Altkrüger, Karl-Heinz Schmidt, Walter Schneider, Walter Rennert, Rolf Österreich und Helmut Schwenk sind ab 1956 in Bautzen II inhaftiert.
DDR-Wochenschau, Januar 1954
Progress-Filmverleih · 0.54 min

Video
Urteilsverkündung gegen »Agenten westlicher Geheimdienste« durch das Oberste Gericht der DDR. Wolfgang Silgradt und Werner Füldner verbüßen die Strafe ab 1956 in Bautzen II.
DDR-Wochenschau, Juni 1954
Progress-Filmverleih · 0.41min

Hörbeitrag
Strafantrag von DDR-Generalstaatsanwalt Ernst Melsheimer in einem Spionageprozess. Die Todesurteile gegen Wilhelm Lehmann und Hans-Joachim Koch werden vollstreckt. Wilhelm van Ackern und Benedykt Szuminski verbüßen lange Haftstrafen unter anderem in Bautzen II.
Mitschnitt aus dem Gerichtssaal, 12. Juni 1955
Deutsches Rundfunkarchiv · 3.15 min

Video
Bericht über einen Spionageprozess vor dem Obersten Gericht der DDR. Max Held und Werner Rudert werden in Bautzen II inhaftiert.
DDR-Wochenschau, Januar 1956
Progress-Filmverleih · 0.46 min

Hörbeitrag
Anklage gegen SED-Reformsozialisten durch den Generalstaatsanwalt der DDR Ernst Melsheimer. Walter Janka, Gustav Just, Richard Wolf und Heinz Zöger kommen nach dem Schauprozess nach Bautzen II.
Mitschnitt aus dem Gerichtssaal, 23. Juli 1957
BStU · 1.51 min

Video
Bericht über einen Spionageprozess vor dem Obersten Gericht der DDR. Erich Keimling wird in Bautzen II inhaftiert.
DDR-Wochenschau, August 1959
Progress-Filmverleih · 1.14 min

Hörbeitrag
Kommentar zur Urteilsverkündung im Schauprozess gegen »Grenzverletzer und Terroristen«. Carsten Mohr und Gottfried Steglich verbüßen die Haftstrafen in Bautzen II.
DDR-Radio »Zeitgeschehen im Funk«, 4. Juli 1962
Deutsches Rundfunkarchiv · 1.52 min

Video
Bericht über die Verurteilung des SED-Reformsozialisten Rudolf Bahro. Die Strafe wird als Isolationshaft in Bautzen II vollstreckt.
DDR-Nachrichtensendung »Aktuelle Kamera«, 30. Juni 1978
ZDF-Mitschnitt · 0.54 min

Haftalltag

Hörbeiträge
Zählappell Ende der sechziger Jahre
Günter Heinrich, Bautzen II von 1966 bis 1969
Gedenkstätte Bautzen, 1997 · 1.20 min

Arbeitsalltag in Bautzen II
Andreas Herzog, Bautzen II von 1979 bis 1983
Gedenkstätte Bautzen, 2005 · 2.07 min

Gegenseitige Zellenbesuche ab 1976
Wilfried Meyer, Bautzen II von 1974 bis 1976
Gedenkstätte Bautzen, 2001 · 0.54 min

Emotionale Belastung in der Haft
Hermann Reisch, Bautzen II von 1985 bis 1987
Gedenkstätte Bautzen, 2000 · 4.14 min

Auflösung

Video
Der Anstaltsleiter Horst Alex stellt sich am 9. Dezember 1989 einem westdeutschen Kamerateam
direct – tv · 2.11 min

Historische Orte

Besucherzimmer

Hörbeiträge

Abgehörtes Besuchsgespräch
Tonband des MfS, 1982
BStU · 2.45 min

Geschenkübergabe
Anton Wohsmann, Bautzen II von 1966 bis 1970
Gedenkstätte Bautzen, 1997 · 2.52 min

Bedeutung der Besuche
Thomas Lukow, Bautzen II von 1981 bis 1983
Gedenkstätte Bautzen, 1999 · 2.21 min

Außenkontakte
Klaus Mlynek, Bautzen II von 1962 bis 1963
Gedenkstätte Bautzen, 1997 · 1.10 min

Stasi-Büro

Hörbeiträge

Anwerbung eines Gefangenen als IM
durch die Stasi
Abhörband des MfS, 1981
BStU · 2.59 min

Spitzelbericht eines Häftlings über
seine Mitgefangenen
Tonbandprotokoll des MfS, 1976
BStU · 2.52 min

Einschüchterung eines Gefangenen
durch einen MfS-Mitarbeiter
Abhörband des MfS, 1982
BStU · 2.57 min

Vernehmung eines Gefangenen durch das MfS
Abhörband des MfS, 1981
BStU · 3.19 min

Keller-Arbeitsraum

Video
Arbeitsbedingungen im Dezember 1989
direct – tv · 2.03 min

Zeitzeugenvideo

Haft in Bautzen II
Zeitzeugen erinnern sich
Dauer: 25 min

Karl Wilhelm Fricke
in Bautzen II
inhaftiert von 1956 bis 1959

Christa Gross, geb. Feurich
in Bautzen II
inhaftiert von 1975 bis 1978

Peter Gross
in Bautzen II
inhaftiert von 1975 bis 1978

Thomas Lukow
in Bautzen II
inhaftiert von 1981 bis 1982

Hartmut Richter
in Bautzen II
inhaftiert von 1977 bis 1980

Feridoun Yazdi
in Bautzen II
inhaftiert von 1962 bis 1969

Hossein Yazdi
in Bautzen II
inhaftiert von 1962 bis 1977

Die Medienbeiträge finden Sie unter
https://www.stsg.de/cms/bautzen/
ausstellungen/dauerausstellungen/medien

Gefördert aus Mitteln
des Sächsischen Staatsministeriums
für Wissenschaft und Kunst und
der Beauftragten der Bundesregierung
für Kultur und Medien

Stiftung
Sächsische Gedenkstätten
zur Erinnerung an die Opfer
politischer Gewaltherrschaft
Dülferstraße 1
01069 Dresden
Telefon (03 51) 469 55 40
Telefax (03 51) 469 55 41
E-Mail: info@stsg.smwk.sachsen.de
www.stsg.de

Gedenkstätte Bautzen
Weigangstraße 8
02625 Bautzen
Telefon/Fax: (035 91) 404 74
E-Mail: info.bautzen@stsg.smwk.sachsen.de
www.gedenkstaette-bautzen.de

2., überarbeitete Auflage 2018

Text:
Susanne Hattig, Silke Klewin,
Cornelia Liebold, Jörg Morré
Gedenkstätte Bautzen

Redaktion:
Cornelia Liebold
Gedenkstätte Bautzen

Gestaltung:
Michaela Klaus
Sandstein Verlag

Satz und Reprografie:
Katharina Stark, Jana Neumann
Sandstein Verlag

Druck und Verarbeitung:
FINIDR, s.r.o. Cěský Těšín

www.sandstein-verlag.de
ISBN 978-3-95498-450-3